协商民主视角下的村民自治研究

王 凯 ◎ 著

中国社会科学出版社

图书在版编目(CIP)数据

协商民主视角下的村民自治研究 / 王凯著. —北京：中国社会科学出版社，2019.11（2020.8 重印）

ISBN 978-7-5203-5502-5

Ⅰ.①协⋯ Ⅱ.①王⋯ Ⅲ.①农村—群众自治—研究—中国 Ⅳ.①D638

中国版本图书馆 CIP 数据核字（2019）第 245727 号

出 版 人	赵剑英
责任编辑	冯春凤
责任校对	张爱华
责任印制	张雪娇

出　　版	中国社会科学出版社
社　　址	北京鼓楼西大街甲 158 号
邮　　编	100720
网　　址	http://www.csspw.cn
发 行 部	010-84083685
门 市 部	010-84029450
经　　销	新华书店及其他书店
印　　刷	北京君升印刷有限公司
装　　订	廊坊市广阳区广增装订厂
版　　次	2019 年 11 月第 1 版
印　　次	2020 年 8 月第 2 次印刷
开　　本	710×1000　1/16
印　　张	14
插　　页	2
字　　数	204 千字
定　　价	79.00 元

凡购买中国社会科学出版社图书，如有质量问题请与本社营销中心联系调换
电话：010-84083683
版权所有　侵权必究

目 录

第一章 导论 …………………………………………………（1）
　第一节 选题缘由与意义 ……………………………………（1）
　　一 选题的缘起 ……………………………………………（1）
　　二 选题的意义 ……………………………………………（5）
　第二节 文献述评 ……………………………………………（9）
　　一 国内文献评述 …………………………………………（9）
　　二 国外文献评述 …………………………………………（23）
　　三 国内外研究动态评析 …………………………………（35）
　　四 进一步研究的空间 ……………………………………（36）
　第三节 理论支撑 ……………………………………………（37）
　　一 协商民主理论的兴起与发展 …………………………（37）
　　二 协商民主的基本内容 …………………………………（39）
　　三 国内关于协商民主问题的基本观点 …………………（43）
　　四 协商民主理论在村民自治制度中的导入和
　　　　应用 ……………………………………………………（45）
　第四节 理论框架 ……………………………………………（46）
　　一 基本概念 ………………………………………………（46）
　　二 研究思路 ………………………………………………（49）
　　三 技术路线图 ……………………………………………（50）
　　四 研究方法 ………………………………………………（50）
　　五 创新点与不足之处 ……………………………………（52）

第二章 村民自治的制度规范与政治特征 …………（55）

第一节 制度规范简析 ……………………………（55）
一 纵向方面的链条式相扣 …………………………（55）
二 横向方面的覆盖式相接 …………………………（59）
三 逻辑结构的不断合理 ……………………………（61）

第二节 政治特征 …………………………………（62）
一 一种非国家形态民主 ……………………………（63）
二 建立在一定经济基础之上的直接民主 …………（64）
三 自治权利行使的直接性与制约性 ………………（65）
四 具有社会整合效能的民主形式 …………………（65）

第三章 中国农村基层实行协商民主的可行性分析 ………（67）

第一节 协商民主与村民自治之间存在的契合点分析 …（67）
一 以实现公共利益为最高价值诉求 ………………（67）
二 承认决策过程必须以公民充分的讨论与协
  商为基础 …………………………………………（69）
三 以公民的平等和理性参与为前提 ………………（70）

第二节 在村民自治中导入协商民主的可行性分析 ……（71）
一 理论的中国化 ……………………………………（71）
二 符合中国渐进式民主发展的总体趋势 …………（73）
三 有深厚的历史文化基础 …………………………（74）
四 可以有效回应中国农村社会多元利益格局
  的具体需求 ………………………………………（76）
五 有广阔的制度空间 ………………………………（77）
六 有扎实的实践基础 ………………………………（78）

第四章 协商民主视角下村民自治的全景式呈现 …………（80）

第一节 协商民主视角下村民自治的主体分析 …………（80）
一 村民自治主体界定 ………………………………（80）
二 协商民主视角下村民自治的主体特征分析 ……（84）

第二节 协商民主视角下村民自治的客体分析 …………（88）

一　村民自治客体界定 …………………………………（88）
　　二　协商民主视角下村民自治的客体特征分析 ………（89）
　第三节　协商民主视角下村民自治组织结构间的
　　　　　关系分析 …………………………………………（93）
　　一　村民自治组织结构简介 ……………………………（93）
　　二　协商民主视角下村民自治组织结构间的
　　　　关系分析 …………………………………………（98）
　第四节　协商民主视角下村民自治与农村公权力的
　　　　　关系分析 …………………………………………（103）
　　一　协商民主视角下村民自治与乡镇政权的关
　　　　系分析 ……………………………………………（104）
　　二　协商民主视角下村民自治与党的领导权的
　　　　关系分析 …………………………………………（107）
　第五节　协商民主视角下村民自治的价值分析 …………（110）

第五章　中国乡村协商民主实践的几种代表模式
　　　　及其特点总结 ………………………………………（116）
　第一节　浙江温岭的民主恳谈模式 ………………………（116）
　　一　温岭概况 ……………………………………………（116）
　　二　民主恳谈模式的产生背景 …………………………（118）
　　三　民主恳谈模式的发展历程 …………………………（120）
　　四　民主恳谈模式的经验启示 …………………………（123）
　第二节　河南邓州的"4+2"工作法模式 ………………（124）
　　一　邓州概况 ……………………………………………（124）
　　二　"4+2"工作法模式的产生背景 ……………………（125）
　　三　"4+2"工作法模式的运作流程分析 ………………（127）
　　四　"4+2"工作法模式的绩效与经验分析 ……………（129）
　第三节　宁波象山"村民说事"模式 ……………………（133）
　　一　个案概况 ……………………………………………（133）
　　二　"村民说事"模式的基本简介 ………………………（134）

三 "村民说事"模式的意义与经验……………………（135）
　第四节　乡村协商民主实践的特点总结 ………………（137）
　　一 国家推动与社会发育的双重性 ………………（137）
　　二 协商主体的广泛性与包容性 …………………（138）
　　三 协商客体的公共性与现实性 …………………（139）
　　四 协商程序的可操作性与规范性 ………………（140）
　　五 协商结果的不确定性 …………………………（141）

第六章　村民自治的运行现状分析 …………………………（144）
　第一节　村民自治的成效简析 …………………………（144）
　　一 形成了一批层次丰富、形式多样的村民自
　　　　治实践模式 ………………………………（144）
　　二 增强了基层党组织的执政能力和组织基础 ………（145）
　　三 促进了基层民主政治与法制的双向发展 …………（146）
　　四 使乡村治理结构逐渐趋于合理和完善 ……………（147）
　　五 维护了农村社会的稳定 ………………………（149）
　第二节　村民自治运行存在的突出问题分析 ……………（150）
　　一 民主选举表面化 ………………………………（151）
　　二 民主决策形式化 ………………………………（153）
　　三 民主管理矛盾突出 ……………………………（155）
　　四 民主监督不到位 ………………………………（157）
　　五 村民自治权的"异化" ………………………（159）
　第三节　村民自治运行存在问题的成因分析 ……………（161）
　　一 制度供给不足 …………………………………（161）
　　二 体制不顺突出 …………………………………（163）
　　三 文化制约明显 …………………………………（165）
　　四 经济实力欠缺 …………………………………（167）
　　五 其它因素分析 …………………………………（169）

第七章　协商民主引入村民自治制度
　　　　中的制度安排与程序设计 ……………………（172）

第一节 协商民主机制在村民自治制度中的有效
　　　　嵌入分析 …………………………………… (172)
　一　培育广大村民的现代民主理念 ……………… (173)
　二　推动乡村社会经济的发展和社会资本的增
　　　加 …………………………………………… (174)
　三　建立乡村协商民主的制度化和程序化保障
　　　机制 ………………………………………… (174)
　四　拓展协商民主在农村地区的内外层空间 …… (176)
　五　锻炼村民的协商民主能力 …………………… (178)
　六　为乡村协商民主提供较宽松的宏观环境 …… (179)

第二节 在村民自治中导入协商民主的具体制度安排
　　　　和程序设计 ………………………………… (181)
　一　在协商选举中加入合理的制度安排 ………… (182)
　二　建立健全协商决策程序 ……………………… (186)
　三　为协商管理引入合理的程序设计 …………… (190)
　四　实现协商监督的制度化 ……………………… (192)

第三节 协商民主对促进我国村民自治发展产生的重
　　　　大意义 ……………………………………… (195)
　一　有利于缓解当前村民自治的民主困境 ……… (195)
　二　有利于提升村民自治制度的政治合法性 …… (196)
　三　有利于实现村民自治的可持续发展 ………… (198)

第八章　结语 ………………………………………… (200)

参考文献 ……………………………………………… (202)

第一章 导 论

第一节 选题缘由与意义

一 选题的缘起

自20世纪80年代以来,村民自治不仅是我国基层民主制度的核心内容之一,还成为人们审视和判断中国民主政治发展进程的一个直观切入点。时至今日,在国家全力推动和乡村社会自主自生的双重作用下,村民自治经过30多年的发展,已经取得了长足的进展。然而,由于受各种因素的影响,村民自治在实际运行过程中面临一系列问题,在有些地方甚至陷入了"死循环"的发展状态,与村民自治制度的设计初衷相去甚远。首创于西方学术界的协商民主理论,却在其内在价值诉求上与村民自治具有极大的耦合性,这为村民自治的进一步发展提供了理论指导,也自然成为人们在思考乡村民主发展的过程中应该予以重点关注的对象之一。

(一)基于对中国基层民主政治发展的关注

基层民主是我国广大人民群众在城乡基层政权机关、企事业单位和基层组织中依法直接行使的民主权利,其涉及政治、经济、文化、社会等众多领域,具有民众广泛参与和直接参与的特点。当前,中国已经形成了以农村村民委员会、城市居民委员会和企业职工代表大会为基本架构的基层民主自治体系。在长期的历史进程中,我国基层民主政治制度在实践中不断得到补充与完善,内容日益丰富,形式愈加多样,并朝着制度化、规范化、程序化的方向稳步发展，并构成了社会主义民主政治的重要组成部分。然而，随着我国社会主义市场经济体制的确立，社会结构的逐步转型以及新农村建设的大力推进，我国基层民主政治建设的目标与主题、内容与形式也都发生了重大改变，逐渐产生了村民自治发展不平衡、民主形式大于民主内容和乡镇管理体制混乱等诸多问题，这些问题对我国社会主义民主政治的建设与城乡经济社会的和谐有序发展构成了障碍。以民主选举、民主决策、民主管理和民主监督为主要内容的村民自治作为基层民主政治的重要实现形式，它的发展有助于培养农民理性自立的政治人格，有助于现代民主法制观念在农村地区扎根，有助于为社会主义民主政治建设提供操作性较强的民主程序、民主技术和民主经验，有助于推动整个政治体制的改革和大力推进党和国家的民主政治化进程。如何把村民自治的民主政治实践推广到村以上更高一级，形成一种既能为公民认同又能获得党和政府认可和支持的直接民主制度，这将是关涉到是否可以形成中国民主政治制度路径依赖的大问题①。因此，有必要对新形势下的村民自治发展问题进行深入探讨，为进一步推进中国基层民主政治建设并进而为构建和谐社会以及全面建设小康社会提供有力支撑。

（二）基于现阶段村民自治发展陷入诸多困境的反思

作为民主精神和民主实践的直接产物，村民自治于20世纪80年代初诞生，至今已经走过了三十几年的风雨历程，作为一项关乎亿万农民切身利益的伟大事业，在调动农民生产生活积极性、提高农村经济发展生产力、加强社会主义基层民主政治建设、促进农村文化事业和社会文明水平发展以及维护农村社会稳定等方面发挥了巨大的作用，取得了令世人瞩目的成就。然而，由于现实因素的影响，现阶段的村民自治在实践中面临着一系列的困难与问题，离村民自治制度设计的目标还有很大差距，陷入了以民主选举精神衰

---

① 唐兴霖、马骏：《中国农村政治民主发展的前景及困难：制度角度的分析》，《政治学研究》1999年第41期。

落、民主决策步履蹒跚、民主管理矛盾凸显以及民主监督虚置化等诸多问题为表征的困境，严重制约了村民自治的深入发展，冲击了农村社会的政治稳定，阻碍了农村基层民主政治建设的进程。比如最近引起人们热议的"腐败铁三角"①事件，此事件反映了与村级民主自治完全不同的另一种"政治原生态"：权力的上下勾结，官商的利益勾兑，所谓的民主自治早已不复存在。原本村民自治的领域，为何还会出现权力的滥用呢？为何这样的村干部没有及时被依法罢免？为何村民不能对官商勾结进行监督和制止？为何村民的权利不能得到及时的保护与救济？归根结底还是因为制度的乏力与相应监督机制的失灵，村民自治的权力集中到村干部身上，架空了村民的民主权利②。此案例充分说明如今的村民自治已经在一定程度上出现了异化，陷入了困境。因此，如何解决村民自治实践在现阶段所面临的问题，使村民自治在我国基层民主政治建设中再次大放异彩，这不仅成为目前农村基层工作中需要解决和探讨的问题，而且成为重构乡村治理体系甚至实现农村政治建设全面改革的核心议题。

（三）基于协商民主和村民自治契合点的思考

协商民主理论是西方学术界在20世纪80年代以来在反思选举民主理论和实践的基础上逐渐兴起的一种民主理论。它虽然缘起且深深植根于西方社会，但其倡导的平等、包容以及自由等价值诉求却与村民自治的民主内在精神有异曲同工之处，存在许多契合点。其一，都以公民的平等和理性参与为前提。协商民主认为，所有受政治决策影响的利益相关者都应该有平等的机会参与决策过程，任何人都不能享有超越他人的优先性，并且在参与决策的过程中，公

---

① "腐败铁三角"事件是指广州最繁华城区的城中村——冼村在城镇化改造过程中，高官、村官和地产商三者在追逐共同利益的情况下，形成了高官庇护、村官出地、地产商出资的"铁三角"局面，构成了完美的"腐败铁三角"组合，从根本上侵犯了村民的合法权益，同时使本该服务于公共利益的权力也异化为牟取个人私利的工具。

② 《京华时报》2014年8月18日。

民的理性具有超越个人利益与局限的优势①。而村民自治是广大农民群众依法直接行使民主权利，依法办理自己的事务，实行自我管理、自我教育以及自我服务的一项基本社会政治制度，村民的平等参与和理性参与是保障其顺利实施的前提条件。其二，二者都以追求公共利益最大化为最高诉求。协商民主强调在一定的规则指导下，参与主体应该围绕如何实现公共利益最大化，在广泛考虑公共利益的基础上参与公共决策和政治生活，保证公民权利和普遍利益的实现。村民自治作为我国的农村基层民主制度，其主要目标是给予农民群众更多的自主权和话语权，使其在农村生活中直接行使自己当家作主的权利，从根本上保障广大村民基本利益的广泛实现。其三，二者都强调利益相关者在参与过程中必须经过充分的讨论与协商，并在此基础上达到共识，而不能是"一个人说了算"的"家长制作风"。协商民主中的"公共协商是政治共同体成员参与公共讨论和批判性审视，从而形成具有集体约束力的公共政策的过程。形成这些政策的协商过程最好不要理解成政治讨价还价或契约性市场交易模式，而要将其看成公共利益责任支配的程序。公共协商的主要目标不是狭隘地追求个人利益，而是利用公共理性寻求能够最大满足所有公民愿望的政策"②。而我国的村民委员会组织法也明确规定，对涉及村民利益的有关事项，如从村集体经济所得收益的使用；本村公益事业的兴办和筹资筹劳方案及建设承包方案；征地补偿费的使用、分配方案等，必须召开由村民参与的村民会议，经过村民会议或村民代表会议的充分讨论才能做出决策，任何个人意志都不能强加于实现决策的过程中。因此，虽然协商民主与村民自治产生于不同的背景环境，但二者却在本质上有极大的契合性。

---

① 陈家刚：《协商民主：概念、要素与价值》，《中共天津市委党校学报》2005年第3期。

② Jorge M. Valadez and Deliberative Democracy, *Political Legitimacy, and Self-Determination in Multicultural Societies*. USA Westview Press, 2001, p. 31.

(四) 基于对乡村协商民主实践经验的总结

目前,协商民主作为实现村民自治的一种有效形式和路径,已经在我国农村的基层民主实践中取得了颇为丰硕的成绩,形成了多种各具特色的模式。比如,温岭松门镇的民主恳谈模式、余杭区的"自荐海选"模式、宁波象山县的"村民说事"模式、广东的"蕉岭模式"以及河南邓州的"4+2工作法"模式等。这些生动丰富且卓有成效的模式,不仅使民意得到了充分的尊重和吸纳,进一步拓宽了村民制度化参与的渠道,还为实现村民自治的可持续发展提供了可资借鉴的理论成果和实践经验。同时,这些乡村民主实践所体现出来的现实价值也为优化当前的乡村治理格局起着积极作用。然而,在目前协商民主理论尚处于观念形态阶段的广大农村地区,如何使这些乡村民主实践通过复制,或在复制基础上创新的方式在其他农村地区得到大力推广,并使其制度化、程序化和规范化?这对中国基层民主政治发展而言仍然具有很大的挑战性,同时也是目前需要进一步思考和探讨的问题。

因此,本文在总结我国农村基层民主实践的基础上,试图厘清和解决这样一些问题:协商民主与村民自治的契合点在哪里?协商民主视角下的村民自治存在什么样的特征?在目前的村民自治民主实践中有哪些不符合协商民主的表现?在协商民主的嵌入下,当前的村民自治制度安排与程序设计有哪些需要改进的地方?

二 选题的意义

村民自治作为中国基层民主最直接的实现形式,无论在其理论领域,还是在实践经验上都对促进农村社会甚至整个国家的稳定和发展具有不可低估的意义。党的十五届三中全会曾经对村民自治作出过积极评价,指出扩大农村基层民主,实行村民自治,是党领导亿万农民建设有中国特色社会主义民主政治的伟大创造。目前,在我国改革开放进程进一步加快和现代化建设全面深入发展的社会背景下,村民自治的发展不仅对促进农村基层民主政治建设具有重要作用，更对从整体上推进社会主义民主政治的发展有着基础性意义。而协商民主作为村民自治的一种有效实现范式，近年来在各地学者、各级政府和基层民主实践者的大力支持和推动下，成功运用于我国乡村治理的实践过程中，呈现出蓬勃发展的良好态势，拓展or深化了我国基层民主的实践发展，同时也为丰富村民自治的理论研究奠定了实践基础。因此，本文选取协商民主的视角对村民自治进行实践总结和理论探讨具有极其重要的理论价值和现实意义。

（一）理论价值

从目前村民自治已有的研究成果来看，大部分学者选取了乡村治理、政治民主、现代国家建构、宪政制度以及城乡一体化等视角对村民自治问题进行了理论和实践两个层面的探讨，也有部分学者从协商民主的角度对如何发展村民自治给予了关注，他们认为协商民主在我国的农村基层具有非常广阔的发展前景，将协商民主引入村民自治中不仅可以在一定程度上缓解当前村民自治陷入困境的现状，且对保障广大农民群众的民主权利具有十分重要的作用，同时对促进中国农村民主政治的发展也意义重大。但此类研究大多零星分布，尚未形成系统性的观点；还有一部分研究则是应用案例分析和实证研究的研究方法，侧重于对乡村协商民主实践的探讨，鲜有学者对这些实践模式进行理论上的总结和提升，这种重实践轻理论的研究模式虽然可以直观地向人们展示当前活跃在我国乡村地区的协商民主实践，但却无法为目前村民自治中的协商民主因素实现制度化、规范化、程序化提供坚实的理论支柱。正如有的学者所言，"在我国农村，协商民主理论还处于起步阶段，在很大程度上还只是一种观念形态，并未真正形成一种制度"①。因此，本文的研究有利于为乡村协商民主的实践提供坚实的理论支撑，有利于丰富当前村民自治的理论研究。

---

① 猴杰：《协商民主——村民自治权利有效实现的新范式》，《中共贵州省委党校学报》2011年第2期。

(二) 实践意义

农业丰则基础强,农民富则国家盛,农村稳则国家安。在目前全面推进新农村建设和构建社会主义和谐社会的新形势下,如何解决好三农问题对于实现农村乃至整个国家的稳定和繁荣有着极为重要的作用。党的十六大以来,中央坚持把解决好"三农"问题作为工作的重中之重,连续几年发布指导三农工作的中央一号文件,由此可见中央对全面实现新农村建设目标的决心之大。而村民自治作为农村基层政治建设的重要方面,对于促进农村社会稳定和发展有着重要的保障作用。因此,对现阶段村民自治问题进行系统、深入地分析和研究,对于解决三农问题、新农村建设的稳步推进以及社会主义和谐社会的构建,具有极其重要的实践意义。

1. 有利于加快我国社会主义民主政治的发展进程。

作为一项基层民主制度,村民自治不仅是一个关系到农村政治、经济、文化和社会等众多领域的综合性概念,而且与保障广大农民基本权益和人民民主政治的实现有最为直接的关系。而且从整体上看,实现村民自治的可持续发展可以为我国的民主政治建设提供一种有益的思考路径。现阶段,"在村民自治发展完善的基础上,中国农村民主制度能否从乡村民主自治制度进一步演进到更高一级的直接民主制度,比如在乡一级和县一级实行农民直接民主选举?这一问题不仅关系到村民自治发展的前景,而且更关键的是关系到中国民主政治制度发展的前景"[①]。由此可见,村民自治的发展完善对于中国民主政治的建设有十分重大的意义。

2. 有利于调动农民积极性,促进农村经济、文化、教育等诸多方面的发展。

目前,中国农村基层通过村民自治这种民主形式,引入和培育了众多制度化、组织化的现代民主成分,锻炼和激发了广大农民群

[①] 唐兴霖、马骏:《中国农村政治民主发展的前景及困难:制度角度的分析》,《政治学研究》1999 年第 1 期。

众的民主意识，瓦解了传统农村社会的价值理念，使农村社会形成一种民主的文化氛围，从根本上调动了农民生产生活的积极性，增强了农民群众自我管理村级事务和公益事业的能力，从而在整体上改变了乡村社会的面貌。此外，村民自治通过民主选举的方式使一些有能力、有品行、真心实意为农民群众办事的农村精英进入管理系统，农村的经济、文化、教育等各项事业的规划和发展有了领头人，为农村的繁荣和发展作出了巨大贡献。正如美国学者萨托利在其著作《民主新论》中所言，"民主不仅仅是一种政治形式，它首先意味着寻求更多的社会保障与经济福利"①。因此，村民自治的发展完善有效调动农民积极性，促进农村经济、文化、教育等各方面的发展。

3. 有利于推进新农村建设的进程，为构建社会主义和谐社会打下坚实的基础。

新农村建设是一个涉及农村政治、经济、文化、社会管理等诸多方面的系统工程，包括生产发展、生活宽裕、乡风文明、村容整洁和管理民主等五大要求并不是孤立存在的，而是有着彼此影响、互为因果的关系。因此，我们必须对其进行整体性地把握和认识。其中的管理民主这一要求与村民自治中的民主管理的内涵存在一致性，而民主管理的好坏直接关系到能否调动农民生产生活的积极性，也与能否顺利实现新农村建设的其他四个要求密切相关。新农村建设是我国在新时期和新背景下面临的重要课题，也是构建社会主义和谐社会的必然要求。没有健全的村民自治制度，社会主义新农村的建设就无从谈起，而实现新农村建设又对社会主义和谐社会的构建极为重要。由此可见，深入研究村民自治问题，推进新农村建设进程，为构建社会主义和谐社会打下坚实基础具有非常重要的意义。

---

① [美]乔万尼·萨托利：《民主新论》，冯克利等译，上海东方出版社1993年版，第396页。

第二节 文献述评

任何学术研究都是建立在不断地累积和发展的基础之上，新研究的进行都是以对以往相关研究进行准确把握和认真总结为前提的，前期的研究成果无疑为我们开展新的研究提供了非常宝贵的学术资源，对围绕研究主题而展开的相关综述进行详尽梳理和总结对研究者而言是极为重要的。因此，在此部分对近些年关于村民自治、协商民主与村民自治的研究成果进行梳理和论述，并对其作简要评价和分析。

一　国内文献评述

回顾 30 多年的村民自治研究历程可以发现，其与村民自治萌芽初创、谨慎发展以及全面推广的发展三个阶段相对应，学者们对村民自治问题的研究也经历了一个初步尝试、发展完善以及全面研究和深入发展的历程。

（一）初步尝试阶段

从 1980 年村民自治刚刚推行直至 1987 年《中华人民共和国村民委员会组织法（试行）》颁布之前，这一时期学术界并没有对其作出明显的回应，当时专门对村民自治进行研究的学者仅有数人，而相关机构的建立、专门研讨会的召开以及专题研究项目的开展对当时来说更是一种奢望，但仍然有一些很有代表意义的学术成果相继问世。

比如，在研究村民委员会的性质和作用方面，孙丙珠认为，村民委员会是群众性的自治组织，不是国家一级政权，但它是国家政权机关和人民之间的纽带和桥梁，也是基层政权机关的助手。[①] 在

[①] 孙丙珠：《居民委员会、村民委员会的性质、地位和作用》，《中国政法大学学报》1983 年第 2 期。

村民委员会建设方面，傅定国通过分析村民委员会的行政性职能和经济职能，提出应该从健全村民委员全的组织机构，做好村干部的选拔、培训工作，制订和完善村规民约，实施对村务活动的有效管理以及处理好行政管理和经济管理关系三大方面强化村委会职能①。廉希圣和王雁飞对村民委员会进行了较为全面的考察，认为村民委员会是直接民主的新形式，并对村民委员会的性质、村民委员会与乡级基层政权的关系问题、村民委员会的组织建设问题等方面作出了详细分析和具体论述②。

另有学者则从法学的角度对自治的涵义以及不同国家宪法所规定的几种不同的自治组织形态作了整体性考察，着重分析了包括村民自治在内的我国基层群众性自治组织的主要特征，并对在发展社会主义民主过程中，努力加强具有中国特色的基层群众性自治组织建设的现实意义和深远意义作了深刻分析③。

从整体上看，受村民自治处于刚刚起步的阶段所限，这一时期学者们对村民自治的研究相对零散、系统性不强，主要对村民委员会的产生、性质、职能、作用以及村委会建设等基本内容进行了研究和界定，其中也不乏从不同视角对村民自治进行探讨的学者，这不仅丰富了村民自治的内涵，也为学者们对村民自治的继续和深入研究提供了新的视角和方向。

（二）发展完善阶段

我国于1987年颁布了《中华人民共和国村民委员会组织法（试行）》，经过11年的实践与发展，正式实行了《中华人民共和国村民委员会组织法》，在此期间，随着该法的逐步完善与落实，学者们对村民自治的研究也进入了发展完善的阶段。在此阶段，一

---

① 傅定国：《村民委员会的职能及强化措施》，《农村经济》1986年第12期。
② 廉希圣、王雁飞：《村民委员会——直接民主的新形式》，《河北法学》1985年第5期。
③ 程辑雍：《试析自治形态和我国基层群众性自治组织的特征》，《上海社会科学院学术季刊》1985年第2期。

些颇具学术价值的研究成果逐渐出现在人们的视野里,而这些研究成果对村民自治的实践与发展起到了显著的推动作用。

在著作方面,首推1992年由中国农村村民自治制度研究课题组推出的《中国农村村民委员会换届选举制度》①《中国农村村民代表会议制度》②《中国农村村民委员会法律制度》③ 三份研究报告④,这三份研究报告不仅为人们生动地展示了村民自治的全景图,还直接推动了村民自治的实践与发展。而徐勇的《中国农村村民自治》⑤ 一书,则被公认为是学术界较早对村民自治展开系统研究的代表著作,该书运用政治学的分析方法和个案研究方法对中国农村村民自治作了整体性地描述,深入研究了村民自治的制度框架和运作机制,具体分析了村民自治的制度体系、组织形式、活动内容、运作模式、内在机制与相关因素、难题与对策、发展走向及启示等。复旦大学的王邦佐教授曾在《对建构中国民主基础工程的有益探索——评徐勇著〈中国农村村民自治〉》⑥ 一文中对该书给予了极高的评价,认为"《中国农村村民自治》是国内第一本较为系统论述村民自治的专著","正如村民自治是中国的一场民主实验一样,《中国农村村民自治》一书也尚是从国情和实践出发探索中国民主化道路的一种初步尝试"。

在论文方面,随着村民委员会组织法的颁布和村民自治实践的不断发展,学者们逐渐丰富了村民自治的研究内容,细化和拓宽了村民自治的研究领域。首先,从村民自治的功能定位看,徐勇教授

---

① 《中国农村村民委员会换届选举制度》,中国社会出版社1994年版。
② 《中国农村村民代表会议制度》,中国社会出版社1995年版。
③ 《中国农村村民委员会法律制度》,中国社会出版社1996年版。
④ 中国农村村民自治课题组是在民政部基层政权与社区建设司的直接领导下,由中国基层政权建设研究会组建,以王振耀、汤晋苏等人为课题级中心人员,对村民自治制度进行系列研究。
⑤ 徐勇:《中国农村村民自治》,华中师范大学出版社1997版。
⑥ 王邦佐:《对建构中国民主基础工程的有益探索——评徐勇著〈中国农村村民自治〉》,《华中师范大学学报(人文社会科学版)》1998年第2期。

认为，村民自治是国家在面临如何迅速填补传统的"政社合一"的人民公社制度废除后出现的某种公共权力和基层组织的"真空"问题以及如何迅速解决基层社会运行的"失范问题"的紧迫形势下采取的一种制度安排①。其次，在村民自治的四大民主方面，学者们也作了较为系统的研究，并主要集中在民主选举和民主监督两大部分，且对其发展寄予了较高的期望，提出了一些具有实际意义的建议与对策，直接推动了村民自治的实践发展。比如有的学者从分析村民委员会的建立和发展出发，对村民委员会选举的进程进行了重点分析，论述了村委会直接选举的社会影响，并在此基础上得出了以下结论：以村民委员会的直接选举制度为契机，亿万农民正在逐步深入地参与农村基层的政治和社会生活，农村基层的发展正在步入良性循环的轨道②。在民主监督的层面，学者们也作了比较全面的分析与论述。比如，李学举认为村民自治中的民主监督分为督促和处置两部分。具体来讲，在内容方面应该包括法律监督、工作监督和行为监督；在形式方面应该包括事前监督、事中监督和事后监督③。最后，在村民自治的组织建设和组织权力相互关系方面，学者们也作了不少的努力与尝试，其中一些具有现实意义的学术成果不仅促进了村民自治理论方面的发展，更为村民自治的实践发展提供了坚实的理论支柱。

以《村民委员会组织法（试行）》颁布为契机，这一时期出现了一些具有代表性的专著和文献，学者们对村民自治的研究朝着系统化和专业化的方向迈进。具体来讲，在研究内容上更加丰富，包括村民自治的发展历程、村民自治中的四大民主（主要集中于民主选举和民主监督两大层面）、村民自治的组织建设和权力相互关系三大方面；在研究方法上，应用了历史研究法和实证研究法；学

---

① 徐勇：《中国农村村民自治》，华中师范大学出版社1997年版。
② 汤晋苏：《全国农村村民委员会选举的基本进程》，《法学杂志》1994年第4期。
③ 李学举：《村民自治中的民主监督问题》，《乡镇论坛》1993年第5期。

者们还从不同的视角对村民自治的发展进行了具体分析和论述。

(三) 全面研究和深入发展的阶段

从 1998 年我国正式颁布村民委员会组织法至今，村民自治经过了整整十六个发展年头。以《村级法》的颁布为发展契机，这一时期的村民自治逐渐进入了发展黄金期，在基层民主实践者和学术研究者们的大力推动下，它的社会功能和社会价值进一步显现，为人们展现出其强大的生命力和发展潜力。在此社会背景下，村民自治吸引了更多知识精英者的关注，这些研究者们纷纷加入了研究村民自治的队伍，一时之下对村民自治的研究成为了当代中国研究的热门话题，产生了一大批极具学术价值和代表意义的著作和文献。

在著作方面，研究者们分别从村民自治的组织制度与运行机制、社会价值和社会功能、理论与实践等方面进行了深入探讨。比如，梁开金、贺雪峰主编的《村级组织制度安排与创新》[1]，程瑞山、贾建友主编的《村民自治制度运行研究》[2]；王振耀、白钢、王仲田主编的《中国村民自治前沿》[3]，王禹主编的《我国村民自治研究》[4]，董红主编的《当代中国村民自治问题研究》[5]，赵秀玲撰写的《村民自治通论》[6]，王汉生、杨善华主编的《农村基层政权运行与村民自治》[7]，范瑜、贺雪峰主编的《村民自治的村庄基础——来自全国十个省市的村民自治调查报告》[8]，王仲田、詹成

---

[1] 梁开金、贺雪峰：《村级组织制度安排与创新》，红旗出版社 1999 年版。
[2] 程瑞山、贾建：《村民自治制度运行研究》，中国社会科学出版社 2013 年版。
[3] 王振耀、白钢、王仲田：《中国村民自治前沿》，中国社会科学出版社 2000 年版。
[4] 王禹：《我国村民自治研究》，北京大学出版社 2000 年版。
[5] 董红：《当代中国村民自治问题研究》，中国农业出版社 2014 年版。
[6] 赵秀玲：《村民自治通论》，中国社会科学出版社 2004 年版。
[7] 王汉生、杨善华：《农村基层政权运行与村民自治》，中国社会科学出版社 2001 年版。
[8] 范瑜、贺雪峰：《村民自治的村庄基础——来自全国十个省市的村民自治调查报告》，西北大学出版社 2002 年版。

付主编的《乡村政治——中国村民自治的调查与思考》①，王振耀编著的《中国村民自治理论与实践探索》②，陈浙闽主编的《村民自治的理论与实践》③，卢福营、应小丽主编的《村民自治发展中的地方创新：基于浙江经验的分析》④ 等。

此外，还有学者从村民自治的组织内部权力关系即乡村关系和两委关系、村委会选举等方面作为切入点对村民自治进行了研究，这不仅细化了村民自治的研究内容，还进一步拓宽了村民自治的研究领域。在乡村关系方面，有徐勇、项继权主编的《村民自治进程中的乡村关系》⑤，金太军、施从美合著的《乡村关系与村民自治》⑥，潘嘉玮、周贤日合著的《村民自治与行政权的冲突》⑦；在两委关系方面，有景跃进主编的《当代中国农村"两委关系"的微观解析与宏观透视》⑧，许宗衡主编的《当代中国农村治理结构探究——以党支部和村委会关系为视角》⑨；在村委会选举方面，有李连江主编的《村委会选举观察》⑩，徐勇、吴毅主编的《乡土中国的民主选举——农村村民委员会选举研究文集》⑪，肖立辉主

---

① 王仲田、詹成付：《乡村政治——中国村民自治的调查与思考》，江西人民出版社 1999 年版。
② 王振耀：《中国村民自治理论与实践探索》，宗教文化出版社 2000 年版。
③ 陈浙闽：《村民自治的理论与实践》，天津人民出版社 2000 年版。
④ 卢福营、应小丽：《村民自治发展中的地方创新：基于浙江经验的分析》，中国社会科学出版社 2012 年版。
⑤ 徐勇、项继权：《村民自治进程中的乡村关系》，华中师范大学出版社 2003 年版。
⑥ 金太军、施从美：《乡村关系与村民自治》，广东人民出版社 2002 年版。
⑦ 潘嘉玮、周贤日：《村民自治与行政权的冲突》，人民出版社 2004 年版。
⑧ 景跃进：《当代中国农村"两委关系"的微观解析与宏观透视》，中央文献出版社 2004 年版。
⑨ 许宗衡：《当代中国农村治理结构探究——以党支部和村委会关系为视角》，人民出版社 2001 年版。
⑩ 李连江：《村委会选举观察》，天津人民出版社 2001 年版。
⑪ 徐勇、吴毅：《乡土中国的民主选举——农村村民委员会选举研究文集》，华中师范大学出版社 2001 年版。

编的《村民委员会选举研究》①，仝志辉主编的《选举事件与村庄政治》②和董胜礼主编的《村委会选举中的贿选及其治理研究》③等。

另有学者从乡村治理、社会变迁、阶层分化等视角给予了村民自治研究不同方面的尝试，进一步丰富了村民自治的内涵。在乡村治理方面，比如彭勃主编的《乡村治理——国家介入与体制选择》④，张厚安、徐勇、项继权等著的《中国农村村级治理——22个村的调查与比较》⑤以及由刘亚伟、詹成付等著的《当代中国乡村治理与选举观察研究丛书》等就从乡村治理的角度对村民自治进行了研究。在社会变迁方面，由于建嵘主编的《岳村政治——转型期中国乡村政治结构的变迁》⑥是在作者进行实证调查的基础上，通过对岳村百年以来的政治关系、权力体系、政治文化等的变迁过程进行准确的表述与分析，从而在社会变迁的层面上展现了中国农村政治发展的历史过程和时代特征。另外，由薛和主编的《江村自治——社会变迁中的农村基层民主》⑦和吴毅主编的《村治变迁中的权威与秩序——20世纪川东双村的表达》⑧也都以社会变迁为研究视角，对中国的农村政治发展进行了细致地分析。还有学者将村民自治研究扩展到阶层分化的视角，比如由卢福营主编的《农民分化过程中的村治》⑨则以农民分化为研究视角，对村民

---

① 肖立辉：《村民委员会选举研究》，中国社会出版社2002年版。
② 仝志辉：《选举事件与村庄政治》，中国社会科学出版社2004年版。
③ 董胜礼：《村委会选举中的贿选及其治理的研究》，中国社会出版社2005年版。
④ 彭勃：《乡村治理——国家介入与体制选择》，中国社会出版社2002年版。
⑤ 张厚安、徐勇、项继权：《中国农村村级治理——22个村的调查与比较》，华中师范大学出版社2002年版。
⑥ 于建嵘：《岳村政治——转型期中国乡村政治结构的变迁》，北京：商务印书馆2001年版。
⑦ 薛和：《江村自治——社会变迁中的农村基层民主》，江苏人民出版社2004年版。
⑧ 吴毅：《村治变迁中的权威与秩序——20世纪川东双村的表达》，中国社会科学出版社2002版。
⑨ 卢福营：《农民分化过程中的村治》，南方出版社2000年版。

自治展开了深入研究与论述。

此外，随着村民自治实践的深入发展，一些研究者逐渐将研究角度延伸到政治社会学和法学等其它学科领域。比如，由毛丹和任强主编的《中国农村公共领域的生长——政治社会学视野里的村民自治诸问题》①，由唐鸣等著的《村委会选举法律问题研究》②，由王禹主编的《村民选举法律问题研究》③，由任自立和尹天著的《中国村民自治与法律维权》④，由赵一红主编的《中国村民自治制度中自制规章与国家法律关系研究》⑤ 等。

与研究村民自治的著作相仿，这一时期研究村民自治的论文数不胜数，研究者们的关注点和兴趣也较上一阶段更为广泛。具体来说，在研究内容上更加具体和丰富；在研究方法更加注重多样化；在研究视角上也更加新颖。

从村民自治的研究内容来看，除了包括上一阶段的村民自治发展历程；村民自治中的四大民主（这一时期的四大民主呈现齐头并进的趋势）；村民自治的组织建设和权力相互关系以外，还包括村民自治的社会背景、村民自治的社会价值和社会功能等方面。首先，从研究村民自治的未来走向上看，大多数学者都对村民自治的未来发展持积极肯定的态度，也有部分学者持疑惑或否定的态度。比如詹成付就对村民自治的未来走向提出莫大的期望，他认为尽管村民自治在实践中不断遭到非议，但仍然以顽强的生命力在生长、发育和提高，理论界和实践者现在需要做的工作不是关于村民自治

---

① 毛丹、任强：《中国农村公共领域的生长——政治社会学视野里的村民自治诸问题》，中国社会科学出版社 2006 年版。
② 唐鸣：《村委会选举法律问题研究》，中国社会科学出版社 2004 年版。
③ 王禹：《村民选举法律问题研究》，北京大学出版社 2002 年版。
④ 任自立、尹天：《中国村民自治与法律维权》，北京法律出版社 2005 年版。
⑤ 赵一红：《中国村民自治制度中自制规章与国家法律关系研究》，中国社会科学出版社 2008 年版。

的是与非的判断，而是思考如何推进村民自治向纵深发展①。而党国印先生在其所写的《村民自治是乡村民主政治的起点吗？》② 一文中却对村民自治的发展趋向表示疑惑的态度，他认为村民自治不是作为民主政治的起点，而是一个乡村政治动员令，因此村民自治的前景很难进行准确地分析与预测。对村民自治的未来走向持绝对否定态度的则是沈延生先生，他在其所写《村政的兴衰与重建》的长篇论文中，明确表达了自己对村民自治未来走向的全面否定态度，他认为村民自治是一种理论上的怪胎，无论是在马恩列斯著作中，还是在政治学理论中，都找不到它的理论源头，它势必会导致新形势下的绅治③。其次，在村民自治的四个民主方面，这一时期研究者们的关注点仍然有所侧重，对民主选举和民主管理的关注度明显要高于对民主决策和民主监督的关注度。尽管研究的侧重点有所不同，但从整体上看，学者们还是对村民自治的"四个民主"作了较为全面和系统的探索。比如在民主选举方面，赵寿星认为在村民自治过程中产生了海选、两票制、预选及三上三下三公布四种选举模式，这些具有创新性的选举模式标志着村民自治选举逐步走向规范化和制度化的制度选择，同时也改变了农村原有的政治结构，是"发展基层民主"最广泛的实践④；在民主决策方面，有的学者通过对农村民主决策现状的调查，分析了民主决策在实际操作过程中存在的问题与困境，提出了相应的改进对策与措施⑤；另有学者将民主决策的实践形式与理论反思结合起来进行分析，得出了

---

① 詹成付：《和谐社会背景下的村民自治走向》，《华中师范大学学报（人文社会科学版）》2005 年第 2 期。

② 党国印：《"村民自治"是民主政治的起点吗？》，《战略与管理》1999 年第 1 期。

③ 沈延生：《村政的兴衰与重建》，《战略与管理》1998 年第 6 期。

④ 赵寿星：《选举模式与制度创新——中国农村村民自治选举评估》，《中国社会科学院研究生院学报》2000 年第 3 期。

⑤ 吴湘玲、胡象明：《我国村民自治中的民主决策分析》，《江汉论坛》2000 年第 8 期。

民主决策的理想形式应该是基于民主——科学的协商民主决策模式的结论①。在民主管理方面，有的学者在详细分析邓州市首创的"4+2"工作法的基础上，对该工作法的实践成效给予了充分肯定，认为"4+2"工作法是扩大基层民主管理的有效载体，为新农村建设提供了组织、制度、方法和动力保障，并提出了相应的保障机制②。在民主监督方面，有的学者从创新民主监督制度的层面出发，对村民自治过程中的民主监督环节进行了详细阐述。比如，卢福营、江玲雅的《村级民主监督制度创新的动力与成效——基于后陈村村务监督委员会制度的调查与分析》③和李秋学、刘怀洲的《村民民主监督制度的创新机制》④，两文都在这方面作了不少探索与努力。在村民自治的组织建设与权力相互关系方面，学者们也作了更为深入与系统地研究与探讨。其中在村民自治的组织建设层面，贺雪峰作了较为有益的探索与尝试，他提出一种全新的村级组织制度安排即村政委员会，并认为村政委员会具有许多优点，且与村级组织制度创新的基本原则相吻合，为村级组织制度创新提供了一种新的视角⑤。在组织权力相互关系的层面，学者们仍然主要以两委关系和乡村关系为主要研究对象，进行了较上一阶段更为细致与深入地分析。比如，在两委关系方面，程同顺的《村民自治中的党"政"关系及其出路》⑥、陈洪生的《村民自治：农村两委

---

① 邹静琴、王金红：《村民自治中的民主决策：实践形式与理论反思》，《福建论坛（人文社会科学版）》2009年第1期。

② 李海江：《村民自治视角下"民主管理"的探索——河南省邓州市推行的"4+2"工作法分析》，《农业考古》2010年第6期。

③ 卢福营、江玲雅：《村级民主监督制度创新的动力与成效——基于后陈村村务监督委员会制度的调查与分析》，《浙江社会科学》2010年第2期。

④ 李秋学、刘怀洲：《村民民主监督制度的创新机制》，《安徽决策咨询》2001年第5期。

⑤ 贺雪峰：《村政委员会：村级组织制度创新的一种过渡性构想》，《西南师范大学学报（哲学社会科学版）》1998年第6期。

⑥ 程同顺：《村民自治中的党"政"关系及其出路》，《调研世界》2001年第10期。

关系的解析视角》①和王金红的《"两委矛盾"：经验分析与理论批评》②等都针对村民自治中的两委关系作了不同方面的论述；在乡村关系方面，贺雪峰、苏明华的《乡村关系研究的视角与进路》③、程同顺的《村民自治中的乡村关系及其出路》④、董红的《村民自治背景下乡镇政府与村民委员会关系研究》⑤等都在这方面作了不少尝试，为进一步理顺乡村关系提供了理论支撑和经验分析。

除以上几大方面以外，不少学者还从村民自治的社会价值和社会功能方面展开了对村民自治的研究。比如，胡伟和程亚萍认为，村民自治有社会价值、政治价值和法律价值三个维度，其中的社会价值在于实现其社会整合功能，政治价值在于培养现代民主政治的主体，法律价值在于秩序、自由和正义⑥。还有学者借鉴结构功能主义的基本观点，对村民自治的三重功能即显功能、潜功能以及反功能作了系统分析⑦。

从村民自治的研究视角来看，这一时期学者们分别从治理、民主、经济、国家建构、人口流动、城市化等角度展开了对村民自治的系统研究，较上一阶段的研究角度更为广泛与全面。比如黄辉详和刘宁的《村民自治的治理功能提升：自治组织培育与自治体系构建》⑧、郭云春和刘梅芳的《利益博弈下的乡村治理——透视村

---

① 陈洪生：《村民自治：农村两委关系的解析视角》，《求实》2005年第12期。
② 王金红：《"两委矛盾"：经验分析与理论批评》，《华中师范大学学报（人文社会科学版）》2005年第5期。
③ 贺雪峰、苏明华：《乡村关系研究的视角与进》，《社会科学研究》2006年第1期。
④ 程同顺：《村民自治中的乡村关系及其出路》，《调研世界》2001年第7期。
⑤ 董红：《村民自治背景下乡镇政府与村民委员会关系研究》，《西北工业大学学报（社会科学版）》2009年第2期。
⑥ 胡伟、程亚萍：《村民自治价值的三个维度》，《云南社会科学》2006年第5期。
⑦ 周建伟：《村民自治的功能三重奏》，《重庆社会科学》2001年第2期。
⑧ 黄辉、刘宁：《村民自治的治理功能提升：自治组织培育与自治体系构建》，《当代世界与社会主义》2010年第3期。

民自治的新视角》① 以及陈剩勇的《推进村民自治、促进乡村治理的战略思考》② 等都从治理的视角对村民自治进行了具体分析；唐兴霖、马骏的《中国村民自治民主的制度分析》③、郎友兴的《民主的成长：对村民选举与自治制度的考察》④ 则从民主的视角对村民自治作了深入地论述。比如，郎友兴认为村民自治作为一种制度，它的民主性有一个生长与发展的过程即从无到有、从少到多、从形式到实质、从动员型向竞争型的转变过程。另外，作为一种新的民主范式，协商民主也成为个别学者研究村民自治的新视角，比如，戴均的《协商民主：村民自治可持续发展的政治诉求》⑤、缑杰的《协商民主——村民自治权利有效实现的新范式》⑥ 与张扬金的《协商民主与村民自治制度的价值重拾》⑦ 等都从协商民主的视角较为宏观地研究了村民自治问题，为村民自治的实践发展提供了一种新的发展途径；还有学者从国家建构的角度研究了村民自治，比如吴理财认为村民自治是国家政权在乡村社会重建的一种方式，通过它实现了国家对乡村社会的有效治理和整合⑧；另有许多学者从经济、人口流动以及城市化等视角对村民自治作了详细分析，比

---

① 郭云春，刘梅芳：《利益博弈下的乡村治理——透视村民自治的新视角》，《西北第二民族学院学报（哲学社会科学版）》2003 年第 1 期。
② 陈剩勇：《推进村民自治、促进乡村治理的战略思考》，《理论参考》2009 年第 4 期。
③ 唐兴霖、马骏：《中国村民自治民主的制度分析》，《开放时代》1999 年第 3 期。
④ 郎友兴：《民主的成长：对村民选举与自治制度的考察》，《浙江社会科学》2002 年第 1 期。
⑤ 戴均：《协商民主：村民自治可持续发展的政治诉求》，《人文杂志》2009 年第 2 期。
⑥ 缑杰：《协商民主——村民自治权利有效实现的新范式》，《中共贵州省委党校学报》2011 年第 2 期。
⑦ 张扬金：《协商民主与村民自治制度的价值重拾》，《理论探讨》2013 年第 1 期。
⑧ 吴理财：《村民自治与国家政权建设》，《学习与探索》2002 年第 1 期。

如贺雪峰的《经济越发达村民自治状况就越好吗?》①、卢福营的《村民自治的经济分析——两个不同类型经济村的村民自治运作比较》② 和《农村经济变迁对村民自治的挑战》③、贺雪峰的《论人口流动对村级治理的影响》④、汤玉权、任中平的《城市化进程中的村民自治：治理困境及其出路》⑤ 等都在此方面作了探索与分析。

从总体上看，自《村民委员会组织法》正式颁布以来，尤其是以 2010 年中央提出建设社会主义新农村为发展契机，这一时期的村民自治问题研究逐渐从全面推广过渡到深入发展的阶段，无论是在研究内容、研究视角还是在研究方法上都较上一阶段更为全面与系统，这些极具实践意义和理论意义的学术成果，为村民自治的实践发展构建了坚实的理论支柱。

鉴于研究主题的设定，除了村民自治作为核心内容之外，协商民主与村民自治也应该成为国内文献述评不可缺少的部分之一。如果分别从村民自治、协商民主各自的研究时间段来分析，对二者的研究都可以追溯至较早的年代，而将二者结合起来进行研究，却是近些年才兴起的一种事物。

从梳理相关著作和文献内容来看，学者们各自从不同的角度对二者进行结合的可能性、功能目标设定、实现途径以及未来趋势等方面进行了基本研究。其中在著作方面，最有代表性的是陈朋的

---

① 贺雪峰：《经济越发达村民自治状况就越好吗》，《中国国情国力》1999 年第 11 期。

② 卢福营：《村民自治的经济分析——两个不同类型经济村的村民自治运作比较》，《中国农村经济》1998 年第 12 期。

③ 卢福营：《农村经济变迁对村民自治的挑战》，《中国农村观察》1999 年第 2 期。

④ 贺雪峰：《论人口流动对村级治理的影响》，《学海》2000 年第 1 期。

⑤ 汤玉权、任中平：《城市化进程中的村民自治：治理困境及其出路》，《山东农业大学学报（社会科学版）》2005 年第 4 期。

《国家与社会合力互动下的乡村协商民主实践》① 一书，该书从介绍温岭民主恳谈实践的缘起和成长过程出发，对乡村协商民主的基本内涵及其价值作了深入客观地分析，得出了一系列有价值的结论，为协商民主与乡村治理的有机结合提供了理论素材。在相关论文方面，学者们大体是从以下几个方面对其进行研究：其一，关于协商民主与村民自治进行结合的可行性来源的研究。比如缑杰认为，虽然二者产生于不同的土壤环境，但在实现公共利益、参与主体平等等方面具有一定程度上的契合性；还有学者认为二者在本质上是一致的，都有其共同的目标，这为二者的结合提供了本质上的可能性。其二，学者们不仅在理论层面研究了协商民主与村民自治具有结合的可能性，还对协商民主对村民自治的功能目标设定进行了深入分析，比如戴均认为，协商民主有利于解决村民自治的民主困境，实现可持续发展②；另有学者认为在村民自治中引进协商民主机制，可以把民主的公正性与效率性、民主的充分性与权威性、尊重多数与保护少数有机地结合起来，消除臣民意识，复兴公民精神，强化公共决策的合理性，从而提升村民自治制度的政治合法性③。其三，从理论层面看，协商民主对提升村民自治制度的功效意义是显而易见的，但如何在制度设计层面使其更具实践性也是学者们重要的研究内容之一，比如在缑杰的《协商民主—村民自治有效实现的新范式》、张扬金的《协商民主与村民自治制度的价值重拾》④ 以及戴均的《协商民主：村民自治可持续发展的政治诉求》等文章都从不同侧面对其进行了研究。最后，由于功能设定

---

① 陈朋：《国家与社会合力互动下的乡村协商民主实践》，上海世纪出版集团2012年版。

② 戴均：《协商民主：村民自治可持续发展的政治诉求》，《人文杂志》2009年第2期。

③ 王平：《协商民主对村民自治制度政治合法性的提升》，《安徽师范大学学报（人文社会科学版）》2010年第3期。

④ 张扬金：《协商民主与村民自治制度的价值重拾》，《理论探讨》2013年第1期。

的差异，理论判断和实现途径的侧重点有别，自然也就有了对未来趋势的不同判断。其中，有的学者对在目前的村民自治制度中引入协商民主机制持乐观态度，认为虽然目前在我国农村，协商民主理论还处于起步阶段，并未形成一种真正的制度，但它所强调的一种核心价值理论，使其注定将会成为保障村民自治权利有效实现的一种途径和范式①。也有学者认为协商民主作为一种制度的形式去规范乡村关系、实现村民自治是有可能的，但这种可能如何实现，以及存在着哪些实现困局还需要理论界作进一步研究②。

从上述相关文献可以看出，关于协商民主与村民自治的相关研究，目前理论界并没有形成较为系统的研究体系，当然这也成为一种研究动力，可以为笔者留下足够的发挥空间，以在借鉴前人的研究成果的基础上作出更为深入的分析与探讨。

二 国外文献评述

作为我国基层民主在农村地区广泛实践的产物，村民自治自产生起就不仅吸引了许多国内专家学者的关注，还在国际社会掀起了对村民自治的研究热潮，一大批国外学者带着"中国的村民自治实践能否直接导致中国政治的民主化"的疑问，纷纷加入到村民自治的研究队伍，通过实地调查或者访谈交流的方式展开对村民自治的研究，而相应的研究成果则主要发表在《The China Quarterly》、《The China Journal》、《Journal of Contemporary China》、《China Information》、《Modern China》、《Asian Survey》以及《American Political Science Review》等刊物上。在国外研究有关中国农村基层民主的学者中，较为知名的主要代表人物有劳伦斯（Lawrence）、戴慕珍（Jean Oi）、欧博文（Kevien J. O'brien）、李连江（Li Lian-

---

① 缑杰：《协商民主——村民自治权利有效实现的新范式》，《中共贵州省委党校学报》2011年第2期。

② 宋文魁：《协商民主：村民自治背景下处理乡村关系的可能》，《西安社会科学》2009年第1期。

jiang)、梅尼恩（Manion）、史天健（Shi Iianjian）、凯赫利（Daniel Kelliher）、爱泼斯坦（Amy Epstein）、劳伦·勃兰特（Loren Brandt）、阿帕曼（Bjorn Alpermann）、牛铭实、郑永年、谭青山、何包钢等。

总体来讲，这些国外学者所关注的村民自治问题主要包括以下几个方面：一是村民自治中的村委会选举以及选举后的治理问题；二是村民自治与经济发展状况的关系；三是村民自治中妇女的政治参与问题；四是村民自治与中国的民主化问题以及村民自治的法律制度问题等，其中以村委会选举为海外学者的重点关注对象。通过分析国外关于村民自治研究的前沿问题，应当了解这些研究涉及的关键性问题有哪些，而对这些问题国外学者又采取了什么样的分析框架，并得出了什么样的结论，对我国村民自治今后的发展又会产生哪些良好的借鉴作用。而以上这些问题也构成了该论文的重点内容。

（一）村委会选举及选举后的治理问题研究

早在村民自治兴起的20世纪80年代，作为村民自治核心内容的村委会选举就备受国际学者及高官政要的关注。美国斯沃斯大学政治学副教授泰雷内·怀特曾在美国《现代史》上发表《村民选举：自下而上的民主》一文，文中认为"海内外最为关注的每三年直接选举一次村干部的作法"，在20世纪90年代中期"原先只说'村民选举'的中国官员开始公开称'基层民主'，而国外观察者也由怀疑转而认为村民选举表现出真正的民主潜力"①。

梅尼恩（Manion）在其所写的《The Electoral Connection in the Chinese Countryside》②（《中国农村的选举联系》）一文通过分析1990年对4个县中的20个乡镇中的56个村庄的样本调查资料，对

---

① 汪映萍：《美国学者论中国村民选举》，《国外理论动态》1999年第6期。
② Manion Melanie, "The Electoral Connection in the Chinese Countryside", *American Political Science Review*, Vol. 90, No. 4, 1996.

村委会选举的真实性进行了细致深入探讨，作者将村干部、乡镇干部以及村民各自所持的观点进行对比，得出以下结论：（1）村干部、乡村干部与村民三者的观点呈现一致性；（2）这种一致性与村民选举的过程具有密切的相关性；（3）村民在面对拥有较多不同选择时一般会选择与自己观点相接近的候选人。梅尼恩还指出，尽管乡政府和乡镇党委能够在候选人的提名和审核方面产生很大的影响力，但候选人要想获得成功也必须有足够的选票作为前提条件。根据以上分析，梅尼恩还断言，在村委会中选举中村民通常会选与自己在某些方面相似或相关的候选人，因此竞争性的选举会产生很大的一致性。此外，在农村选举过程方面，还有学者提出了与梅尼恩不同的观点，该学者通过分析微观调查结果指出，选民只有认为"候选人在选举可能失败，才愿意参与投票"的过程，而通过对投票人数模式和竞选公职模式进行比较表明即便是竞选结构对党员有利，候选人之间的竞选观念也足以对选民产生吸引力，使他们认为选举过程是公平的[①]。

凯赫利（Kelliher）在《The Chinese Debate over Village Self—government》[②]（《中国村民自治的争论》）中详细论述中国官方围绕村组法的实施情况而展开的争论。他提出支持村民自治和村委会选举的人认为，要想使一些农村精英进入农村管理机构，就必须要实行选举，因为村民们基于自己切身利益的考虑，会把在经济方面有一技之长的人选举出来。赞成村民自治的人还认为，由村民公开选举产生的村委会机构可以更加有效地贯彻实施国家政策，因为村民自治"并没有允许人民改变国家的要求，而只是让他们决定如何满足国家要求"。但来自基层的地方官员们却不认同上面的观点，他们认为村民的政治素质和民主意识太低，根本不适合搞民主

---

① P. F. 兰德里、D. 戴维斯、王石如等：《中国农村的选举：没有其它政党参与的竞选》，《国外理论动态》2012年第4期。

② Daniel Kelliher, "The Chinese Debate Over Village Self-Government," *The China Journal*, No. 37, Jan 1997.

选举，让村民参加村委会选举不仅不能产生好的领导班子，而且还会把好的村干部赶下台，让一些没有知识和技能的人取而代之，因为贯彻实施国家政策是村委会的职责所在。因此，许多地方官员秉持反对村民自治的态度使民主选举流于走过场的形式，以此来对抗村组法的贯彻实施。但作者却认为对阻碍村民自治发展的另一种因素来自乡和村的党组织，因为村委会是在村党支部的领导下开展各项工作，不少农村地区出现乡党委和村党支部操纵村委会选举的情况，有的地方则是党支部成员和村委会成员交叉任职，通过村民选举的村委会成员通常兼任村党支部书记或副书记。那么在这场关于是否推进村民自治的争论中到底隐藏着什么呢？作者认为，从短时间来看，前景并不令人乐观，因为地方官员和党支部的双重干预会使村民自治的实施效果大打折扣；而从长期来看，对村民自治持赞成态度的人也有其弱点，他们并没有把民主当作一种需要长期实现的目标，而只是把民主当成一种有力贯彻国家政策和促进农村社会稳定的手段，因此这种具有工具性质的措施并不可能产生真正的民主。

史天健（Shi Tianjian）也对村委会选举作了重点研究，并从经济发展的角度对村委会选举与经济发展的关系进行了深入分析。他把参与村委会选举制度实施过程的研究，分为民政部官员、国家领导人、地方官员、村干部、村民以及海外学者六种不同的行为人员。他提出中国农村改革之所以会成功的关键因素在于推行了渐进式的发展策略，即把选举的实施过程分为两个不同的阶段，逐步推进。作者还通过分析1993年的一份全国性调查资料，详细论述了经济发展与村委会选举之间存在的关系，他指出，经济发展与村委会选举之间有着凹形的曲线关系，即经济财富会提高举行半竞争性选举的可能性，但这种影响并不会一直持续下去，它会随着经济财富的快速积累而减弱，甚至会进一步延缓农村民主发展的进程。而产生这种情况的根本原因则在于村干部可能会借助新兴的经济资源巩固自己的权力，主要包括：（1）提高村民对村民委员会以及其它农村管理机构的依赖性;(2)村干部通过手中的经济资源收买村民;(3)村干部利用经济资本买通乡镇政府官员,从而造成其对中央政府决定的无视①。

劳伦·勃兰特(Loren Brandt)则通过一系列的实证调查与分析,对中国农村村民选举的状况进行了深刻分析,提出一些颇有建设性的观点:第一,目前农村的选举制度能够有效激励村干部维护选民的利益;第二,限制代理投票可以提高中国农村选民对村干部的监督能力;第三,完全由公众提民候选人的程序可以更好地实现乡村治理的有效性。同时他还指出,即使在农村选举制度实施不力的情况下,也能给村干部带来巨大的激励效应,因此农村选举改革的重点应放在普及制度而不是完善其选举质量,而对选举改革努力的方向上说,限制代理投票和提高选民对提名过程的参与这两点应受足够重视②。

欧博文(Kevien J. O'brien)在《Path to Democracy? Assessing Village Elections in China》一文中重点分析了村委会的选举程序与农村基层民主的关系,指出目前我国大部分村委会选举已经在较为合理和公正的程序下展开,但受乡镇政府、党支部和其它社会力量(如宗族、宗教团体和黑道力量)等多种因素的影响,这种"权力行使"的变化却远远跟不上"权力获得"的变化。因此,作者认为对"民主"进行"纯粹程序性"的定义是有失偏颇的,因为民主化的实现依赖于嵌入式选举机构中的权力配置,只有将基层民主置于选举程序的权力之上,才能实现具有"高品质"的民主,这也远远超过每三年进行一次的村委会选举带来的民主效应③。然

---

① Tianjian Shi, "Economic Development and Village Elections in Rural China." *Journal of Contemporary China*, Vol. 8, No. 22, 1999.
② [加]劳伦·勃兰特、马修·特纳、王昀:《不健全的选举的功效:中国农村选举的状况》,《国外理论动态》2012年第4期。
③ Kevin J. O'Brien and Rongbin Han, "Path to Democracy? Assessing village elections in China." *Journal of Contemporary China*, Vol. 18, May 2009.

而，德国学者阿帕曼却在基本肯定上述观点的基础上提出了自己的见解，认为村民自治中的民主选举即"权力获得"与选举后的实际"权力行使"之间的差距本不应该如此之大，因为"权力行使"的过程本身也是在一定的程序中进行的，而且目前除了民主选举以外，村民自治中的其它三项权利包括民主决策、民主管理和民主监督也都进入了相应的制度化轨道。同时，作者摒弃了中央与农村的宏观与微观分析思维，选取了"省级立法"的中观思维作为分析基础，并在村民自治的制度化以及农村党组织等方面提出了自己的建议[1]。

此外，还有学者从政治效应和公民权利意识觉醒的角度对村委会选举作了研究与论述。

从政治效应的角度研究村委会选举，具有极大的理论价值和实践意义。村委会选举的政治效应具有多重性，它对农村基层民主的影响具有最为直接的广泛性，而对中国整体的民主政治进程来说，它又可以对其产生具有持续性的影响力。尽管可以根据目前的村民自治实践作出上面较为宏观地判断，然而从长远来看，谁都无法预料农村的直接选举将会导致怎样的政治后果。由于问题的复杂性和结论的不确定性，许多国外学者也加入了研究村民自治的政治效应的阵营，分别在村委会选举对党支部、村委会、乡镇政权以及村民自身利益等方面进行了探索与分析。他们认为，村委会选举会在一定程度上会削弱村党支部的优势地位，但从整体上看却对党支部实际控权的影响力不大，在很多农村地区，党支部的地位仍然要超过村委会，村委会在政治活动中并没有最终的决定权；而在经济相对落后的村庄，由于村党支部书记在促进农村发展过程中毫无贡献，村委会选举则正好为乡镇政府对这些村支书进行撤职处理提供了机会，这也使村委会成为农村权力机构的中心具有了可行性[2]；村委

---

[1] Bjorn Alpermann. "Institutionalizing Village Governance in China." *Journal of Contemporary China*, Vol. 6, 2009.

[2] Jean C. Oi and Scott Rozelle, "Election and Power: The Locus of Decision Making in Chinese Villages." *The China Quarterly*, No. 162, Jun. 2000.

会选举并没有解决村级组织与乡镇政府的问题，乡镇政府与村委会的关系仍然具有不确定性，要么走向乡镇成了"一竿子插到底"的老途径，要么使村庄成了无人管的边缘地带；自由公平的村委会选举有助于加强选举与当选村干部之间的密切联系，而村干部要想连选连任就必须维护村民的利益①。

从公民民主权利意识觉醒的角度对村委会选举进行研究，最具国际影响力的当属李连江和欧博文的一系列研究成果。在其所写的文章中，李连江通过对江西某县 20 个村的调查，着重分析了自由平等的民主选举能否唤醒村民民主权利观念。通过研究他认为，民主选举在农村地区的输入，可以激活村民的民主权利意识，村民在选举过程中不会支持那些对国家政策进行事实歪曲的村干部，并会和其他村民成员一起罢免没有责任心的村干部，要求通过选举产生的村干部敢于对歪曲中央政策的乡镇干部进行抑制。换言之，民主选举可以增强村民的政治效能感，村民开始把政治参与和权利本身联系起来，并为实现这种权利而采取一定的行动。此外，欧博文和李连江也曾对农民捍卫自己权利而采取的行动进行过深入地分析，他们最早提出了"依政策抗争"的观念，把村民划分为"顺民""刁民"和"钉字户"三种类型，而后两种类型其实是地方官员们对不服管的农民的蔑称，也正是因为这些敢于为争取自己权益的农民，才会根据国家的法律法规进行上访来抵制不合理的土政策，维护自己的合法权利②。在后面的继续研究中，他们进一步强调村民上访告状的目的不再仅仅局限于实现自己的经济利益要求，而是将目标进一步锁定为依法保障自己选举与被选举权、重大事务决定权、罢免权以及监督权等政治权利。此外，还有学者认为村委会选举并不能激发出村民过多的民主权利意识，更谈不上他们会主动行

---

① Lianjiang Li. "Elections and Popular Resistance in Rural China." *China Information*, Vol. 16, No. 1, 2002.

② Lianjiang Li, Kevin O'Brien, "Villagers and Popular Resistance in Contemporary China." *Modern China*, Vol. 22, No. 1, Jan. 1996.

使自己的民主权利①。

(二) 村民自治与经济发展状况的关系研究

影响村民自治制度实施效果的因素有许多种,既包括社会、文化以及教育等方面的因素,也有经济方面的因素,但从村民自治的实践发展过程来看,不难看出经济因素对其产生的影响力最为明显。国外学者通过对经济发展与村民自治的关系作出不同的假设,形成了四种相对独立的学术解释。

第一种解释认为,经济发展与村民自治具有正相关性。比如美国俄亥俄州立大学政治学系的欧博文(Kevien J. O'brien)教授在《Implementing Political Reform in China's Village》②(正在进行中的中国村庄政治改革)一文中指出,在拥有效益良好的集体企业的富裕村庄发展村民自治较为容易。作者将对贯彻执行村组法的不同效果进行了准确归纳与分类,并总结出以下结论:那种既有较高政治参与度、又能很好地完成国家下达的指标任务的村委会,通常是在村办集体企业发展较好的村庄。作者认为出现这种情况的原因在于:其一,村办集体企业发展的好坏与村民自身利益的实现息息相关,这为发展民主政治提供了利益基础;其二,在村办集体企业较为发达的村庄,村干部在选举中失去自己权力的机会较小。

第二种解释认为,经济发展与村民自治呈现反比关系,比如戴慕珍(Jean Oi)在《Economic Development, Stability and Democratic Village Self—governace》③中认为,推行村民自治的一个重要目标则是促进农村经济生产力的发展和维护农村社会的稳定,而经济的发展离不开一个好的领导班子,但却不一定与民主治理有联系。高

---

① Pei Minxin, Creeping Democratization in China, *Journal of Democracy.* Harvard University Press, 1995, pp. 65 – 79.
② Kevin J. O'Brien. Implementing Political Reform in China's Village. *The Australian Journal of Chinese Affairs*, 1994.
③ Oi, Jean. *Economic Development, Stability and Democratic Village Self—governace.* China Review, 1996.

度工业化村庄的发展经验显示出村庄的经济发展水平与民主的村庄治理之间存在一种反比的关系。虽然她对自己的这一观点能在多大程度和范围内适用还持不确定的态度，但她在另一篇文中则提到：在较高的收入与竞争性的选举或参与代表会议之间不存在正相关的关系，与此不同，一些证据表明随着经济收入的进一步提高，竞争性的选举和对代表会议的参与却逐渐减少了。在《Democracy, Chinese Style》①（《中国体制下的民主》）中劳伦斯（Lawrence）通过1992年对河北省赵县北王村进行为时两天的访问而收集到的与村民代表会议相关的资料进行研究分析的基础上指出，以农业为主相对不富裕的村庄在实行村级民主治理方面走在前列。劳伦斯在研究中发现，北王村的村民代表大会拥有包括对村民重大事务的决定权、对村委会工作（重点是财政支出）的监督权、对不称职干部的撤换权和对村党支部"错误决定"的否决权等重大权力。作者还认为，尽管北王村的村委会选举过程不是很完善，但村民代表会议的存在却能够把村干部的责任心激发出来，使其更好地为村民服务。

第三种解释认为，经济发展程度与村民自治并不具有非此即彼的正相关或者负相关的关系，而是呈现出一种曲线关系。比如，史天健认为，民主发展与经济发展程度存在曲线相关的关系，即经济相对贫困和经济相对富裕的农村地区，由于受经济压力或者金钱垄断权力等方面的影响，使村民对参与民主选举缺乏应有的动力；而在经济发展水平相对较高的村庄，由于村民认为参与选举会给他们带来切身利益，因此他们表现出积极的参与热情②。香港大学的孙秀林根据对全国24个省份进行调查收集的资料数据而建立的模型进行研究，也验证了二者之间存在的这种曲线关系。他的研究结果

---

① Lawrence, Susan. Democracy, *Chinese Style*: The Australian Journal of Chinese Affairs. Asian Studies Association of Australia. Review, 1979.

② Tianjian Shi. *Economic Development and Village Elections in Rural China*. Journal of Contemporary, 2005.

表明，经济发展会增强村级治理的民主性，但这种影响并不会一直存在，它会在达到一定程度之后再下降，因此经济发展水平与村民自治之间存在一种倒 U 型的曲线关系①。此外，加拿大学者戴维·茨格威通过开展实地调查，得出了与上面两种观点相仿的结论，即在最富有和最贫困的村庄，村民们较少具有民主观念；而在中等富裕的村庄，村民们往往更具有民主观念，这也再次说明经济发展与村民自治不是非正即反的关系，而是呈现出一种曲线关系②。

第四种解释则认为，经济发展同村民自治关系不大。比如，郑永年指出，影响中国农村各地民主发展程度不同的方面有许多，在这些方面中，其中最具影响力的因素则是国家在基层民主实践过程中所起到的作用。在地方自治的发展水平在很大范围内取决于各级地方政府的态度，而与各地的经济发展水平关系不大。

（三）村民自治中妇女的政治参与问题

农村妇女作为农村基层建设的主体之一，她们能否在村民自治中充分行使自己的民主选举权利，已经成为当前衡量我国农村基层民主政治建设的标志之一，而这一问题也引起了广大国外学者的讨论与关注，并得出了较为相似的结论，即农村地区中妇女的政治参与程度较男性来说要低很多，且呈现持续下降的态势。有学者指出"自 1988 年农村地区引入村委会选举的民主机制以来，妇女的政治参与一直处于持续低水平的状态③"。还有学者指出，虽然村民自治为中国的乡村治理带来了巨大改变，但在社会环境、政治制度和社会文化等因素的制约下，农村妇女这一群体在农村基层政府中的作用却依然体现不明显。此外，妇女在村民自治中的弱势地位还体

---

① 孙秀林：《村庄民主及其影响因素：一项基于 400 个村庄的实证分析》，《社会学研究》2008 年第 6 期。

② ［加］戴维·茨威格著《中国农村的选举、民主价值及经济发展（下）》，张定淮，金姗姗等译，《国外理论动态》2008 年第 8 期。

③ Xiaojuan Gao, Yongnian Zheng, "Womens Political Participation in China: in whose interests elections." *Journal of Contemporary China*, Vol. 49, 2006.

现在"村委会中妇女占主导地位的职位比例不足","农村妇女在当地权力结构中的比例正在下降"等方面①。

另有学者认为相关的投票知识不一定会影响农村妇女的政治参与能力。该学者从我国福建省和辽宁省的农村地区随机选取了700名妇女作为样本,并将她们分为普通妇女和村干部妇女两组,分别归类到对照组和按照组,对其所具有的知识水平是否会影响到其投票行为进行分析测试,得出了以下结论,即如果对普通妇女进行知识培训,不仅她们的投票知识会得到提升,而且她们会更充分行使自己的投票权力;但对村干部妇女进行知识培训,却不能充分看出与她们在培训之前的差异。

(四) 村民自治与中国的民主化问题

大部分海外学者都对村民自治的发展能够加速中国民主化进程持肯定态度,把村民自治看成是孕育中国民主的基地,尤其以民主选举带给广大村民认知民主程序和民主规则的训练平台,"重复选举可能逐渐产生深远的改变关于村民的政治合法性的理解。自由和公正的选举可能首先成为农村公认的政治生活,然后一个既定的政治价值,村民们希望看到适用于所有政治当局"②,"村民选举已经提供了充足的培训场所,使民主成为一种可行的选项"③。但对进一步向上扩大直接选举范围的前景却抱不乐观的态度,认为关键因素在于能否获得政府的支持。比如,郑永年认为,乡村民主向上发展受阻,农村基层民主对国家层面民主的影响力较小。如果没有来自上级政府尤其是中央政府的进一步推动,村级民主化将来很难扩

---

① Xiajuan Guo, Yongnian Zheng, LIjun Yang, "Women's Participation in Village Autonomy in China: Evidence from Zhejiang Province." *The China Quarterly*, Vol. 197, 2009.

② Lianjiang Li, "The Empowering Effect of Village Elections in China." *Survey*, Vol. 4, 2003.

③ [芬兰] 琳达·雅克布森:《海外学者论中国政治发展——民主的长征》,中央编译出版社2011年版,第202页。

大到上一级政府中①。而美国的泰雷内·怀特在提到扩大基层直接选举的前景时也曾提到,"中国基层民主试验的命运取决于北京是否打算将这一进程向上扩展。对于前进中的政权来说,这条路风险是巨大的。但是在推进基层民主10年和民主选举在农村扎根后,退却的风险也许同样巨大"②。

(五) 村民自治的法律问题研究

德国学者阿帕曼(Bjorn Alpermann)对我国村民自治的法律制度进行了充分研究,他在研究过程中着重分析了两种关系:一种是村委会与乡镇政府之间的关系;另一种则是村委会与基层党组织之间的关系。他认为在法律中规定村委会与乡镇政府之间是指导与被指导的关系,这会为村民自治在现实中贯彻执行国家政策带来诸多不便与困难。同上,在法律中规定基层党组织应该在领导和支持村委会行使职权时发挥领导核心作用,会直接造成村级组织权力之间的内部压力,难以为村委会直接行使自治权利提供保障。要想让村民自治走出上面的困境,必须要重新整合目前的法律体系。而欧博文则对村民委员会组织法的贯彻执行情况进行了具体论述,他通过实证调查分析指出,"除了最成功的示范村以外,组织法的落实还存在许多问题","许多村民对组织法有很大的怀疑,许多县、乡和村干部采取'观望态度',还有一些公然抱有反对情绪。民政部门面对的一些难题,起因就是许多基层干部和村民认为他们支持这项法律得不到什么(或者还会失去很多)"③。

由于海外学者通常会站在客观中立的角度看待中国农村政治发展,因此海外学者关于村民自治问题的大量研究成果不仅对中国继续完善村民自治制度具有极其重要的借鉴意义,还在一定程度上可

---

① 郑永年:《地方民主国家建设与中国政治发展模式》,《当代中国研究》1997年第2期。

② 汪映萍:《美国学者论中国村民选举》,《国外理论动态》1999年第6期。

③ 欧博文:《中国村民委员会组织法的贯彻执行情况探讨》,《社会主义研究》1994年第5期。

以直接推动村民自治实践的发展,因为村民自治的发展不仅要靠农民群众民主精神的激发和国家政策的有力支持,还需要本着"博采众长"的态度对有益于我国农村地区民主发展的海外人士的意见进行借鉴与采纳,为我国村民自治的发展提供多种选择路径,从而进一步推动农村基层民主实践的深入发展。

三 国内外研究动态评析

从整体上看,当前的国内外学术界对村民自治问题的研究呈现出以下几大特征:

其一,在研究视角的择取上,涉及到乡村治理、国家建构、政治民主、城乡一体化等诸多方面,拓宽和深化了村民自治问题的研究视野。

其二,在所涉及的学科领域上,包括政治学、社会学、经济学、法学、历史学、管理学、政治社会学等多个学科,但以政治学和社会学为主。其中有的学者在研究时会应用其中一种,也有学者选择两种或者两种以上学科交叉应用,呈现出学科研究多样化的特征。

其三,在研究方法上,采用学理分析与实证调查相结合的研究方法。由于村民自治问题具有现实性的特征,因此学者们在研究的过程中,通常会先深入实地进行广泛的田野调查,在获得大量可靠数据资料的基础上,运用政治学、社会学以及法学的相关理论知识,对其展开一系列的研究与分析。

其四,在研究内容上,村民自治研究主要包括村民自治的发展历程、村民自治的组织机构以及权力相互关系、村民自治的内部组织结构(集中于对四个民主的讨论)以及村民自治的社会价值和社会功能等方面。

第五,在分析框架上,主要以"国家—社会"的分析框架为主。国家与社会的关系问题是当代政治学、社会学、法学甚至整个社会理论界的核心议题之一,"国家—社会"这一主流的分析框架也被多学科的学者所应用,而研究村民自治的学者也通过在村民自治问题中导入这一理论工具,试图寻求建构新的解释模式和研究范式,在理论上和实践上推进村民自治的发展进程。

四 进一步研究的空间

从以上分析可以看出,目前国内外学术界对村民自治研究的成果非常丰富,这不仅拓展了村民自治的研究内容,还深化了对问题本身的认识程度。但这并不意味着村民自治问题没有继续研究的空间,恰恰相反,当前的村民自治问题无论是在理论上还是在实践上,都有待作继续深入的探讨。具体来讲,主要体现在以下几个方面:

第一,研究视角选取较为广泛,但实用性不足。目前,大部分学者都从国家建构、政治民主以及城乡一体化等角度对村民自治问题进行研究,尤其以国家建构为重点研究角度,突出国家对乡村社会自上而下的整合作用。而从村民自治的产生和发展来看,它始终是一个国家和社会双向互动的过程,是一个极具现实性的议题。因此,针对村民自治问题的特殊性和现实性,选取一个实用性和针对性较强的研究视角,显得尤为重要。

第二,实践研究居多,理论研究不够。村民自治作为一项兼具实践性和理论性的议题,在研究过程中应该注重将二者结合起来进行研究,也只有这样才可能得出较为科学的结论。然而,目前学术界对村民自治问题的研究将重点放在实践层面,多是选取村民自治的一些案例或对其在实践过程中存在的问题展开分析,而在理论层面却略显单薄。因此,对村民自治的实践层面进行总结和提升,加强理论分析应该是以后研究的重点方向之一。

第三,片面研究居多,系统性研究缺乏。目前学术界对村民自治问题的研究,大多局限在所涉及的某个方面或某个问题,研究成果比较零散,没有形成系统性的观点。如果能够从某个研究角度出发,对村民自治问题的各个部分进行系统性分析,得出实用性和现实性较强的结论，将会对今后的村民自治建设提供很好的理论指导和对策支持，而对村民自治问题的整体把握和深入认识也能够产生重大的现实意义。

因此，本项研究在总结国内外研究的基础上，将村民自治置于协商民主的视角下，不仅注重实践方面的总结和提升，还在理论层面进行细致分析，对涉及到的相关问题展开一系列的研究，以期为实现村民自治的可持续发展作出自己点滴的学术贡献。

第三节　理论支撑

一　协商民主理论的兴起与发展

从古雅典城邦到现代公民社会，民主围绕"谁是权力的拥有者"和"权力的拥有者如何行使国家权利"两个基本问题经历了纷繁复杂的演绎历程，并在诸多学者的推动下构建和诠释了多种经典的民主范式。政治学鼻祖亚里士多德在民主实践的激发下创造了古代雅典城邦的直接民主范式，这种直接民主不仅成为民主演绎道路上较为经典的范式之一，也为协商民主理论的产生是对雅典城邦直接民主范式的复兴的观点提供了最原始的依据。然而，19世纪后半期，民主却日益与适应现代国家建设构建要求的自由主义相结合，形成了自由主义民主"登堂入室"的新局面。随着自由民主在实践过程中逐渐成熟，西方理论家愈加相信自己对直接民主存在缺陷和不足的判断，因此试图构建出一种更具有现实解释力的民主理论，通过对现实国家民主制度运作过程的实际考察与分析，熊彼特提出了"竞争性民主理论"的概念，使民主理论再一次在实践发展的过程中得到变迁。而在竞争性民主理论的实际框架下中，民主只不过是民众通过投票选举为他们选择为自己作主和治理国家的领导人的形式而已，扭曲了其"人民直接行使权利"的本来面目。面对选举民主存在种种缺陷的现实，人们越来越不满足于对民主如此歪曲的理解，于是以直接民主为主要特征的参与式民主逐渐兴起。20世纪80年代,协商民主继承了参与式民主的核心理论,在西方学者对美国宪政制度设计和既有体制所面临的多元文化现实挑战进行反思和剖析的过程中悄然兴起,并日益成为现代民主理论中的显学。与此同时,人们更多地认为,"民主的本质是协商,而不是投票、利益聚合与宪法权利,甚或自治"①,以"协商为中心"的协商民主理论逐渐取代了以"投票为中心"的选举民主理论,并作为现代民主理论界一种新的民主范式被人们所熟知。

事实上,对协商问题的重视历来已久,因此它并不是一个全新的事物,在古希腊城邦国家中,在西方各种经典理论的论述中都能发现有关协商民主的影子。诚如有的学者所言:"协商民主或者说通过自由平等的公民之间的协商来进行集体决策的观念,绝非是一种创新,而是一种复兴,这种理念与实践几乎和民主的概念本身一样久远,都是来自公元前五世纪的雅典②。"亚里士多德在古代雅典城邦时代就曾为协商民主的内在价值作过辩护,而后的伯克、穆勒以及杜威等西方学者所做的研究都为协商民主的产生提供了一定的理论基础。然而,直到1980年,毕塞特(Josehp Bessette)才在《协商民主:共和政府中的多数原则》一文中首次在学术意义上提出"协商民主"的概念,他主张大众的参与而对精神主义的宪政解释表示反对。

虽然协商民主的定义是由毕塞特第一个提出的,但通过对协商民主进行深入研究而使其得到进一步发展的则是伯纳德·曼宁(Bernard Mannin)和乔舒亚·科恩。到了20世纪90年代后期,西方著名的政治思想家罗尔斯和哈贝马斯也成了协商民主的极力推崇者,他们在自己的理论著作中都认为自己是协商民主论者,而他们的加入则为协商民主的发展奠定了巨大的学术威望。综合来看,在

---

① [澳]约翰·S. 德雷克著:《协商民主及其超越:自由与批判的视角》,丁开杰等译,北京:中央编译出版社2006年版,第1页。

② Jon Elster, Introduction, in Jon Elster (ed.) *Deliberative Democracy*. Cambridge University Press, 1998, p. 1.

几乎整个20世纪90年代，越来越多的西方学者逐渐将视线和兴趣转移到协商民主理论上来，并且以协商民主理论为主题出版和发表了大量的研究专著和论文。从整体上看，从古代雅典城邦那里，协商就能成为民主的一个重要部分，随后经过一系列的演变历程，到了20世纪90年代，协商民主逐渐成为一种重要的民主理论并使西方民主理论的发展发生了转向。

二 协商民主的基本内容

（一）协商民主的定义

与民主定义存在多种解释一样，协商民主从作为学术术语开始，理论界就如何对协商民主进行定义存在极大的争议。正如费伦所言，"如果你要给协商民主下定义，就会陷入应该怎样准确理解的争论之中"。尽管对协商民主的认知存在分歧，但还是能从纷繁复杂的定义中找到协商民主的精髓，因此对学术界存在的协商民主定义进行概括和梳理是非常有必要的。

科恩认为，协商民主是一种事务受其成员的公共协商所支配的共同体，这种共同体将民主本身看成是基本的政治理想，而不只是将其看成是能够根据公正和平等价值来解释的协商理想。

瓦拉德斯认为，协商民主是一种具有巨大潜能的民主治理形式，它能够有效回应文化间对话和多元文化社会认知的某些核心问题。它尤其强调对于公共利益的责任、促进政治话语的相互理解、辨别所有政治意愿，以及支持那些重视所有人需求与利益的具有集体约束力的政策[①]。

戴维·米勒认为，当一种民主体制的决策是通过公开讨论——每个参与者能够自由表达，同样愿意倾听并考虑相反的观点——作

---

① Jorge M. Valadez. *Deliberative Democracy, Political Legitimacy, and Self-Democracy in Multicultural Societies*. USA Westview Press, 2001. p.30.

出的,那么,这种民主体制就是协商的①。

艾米·古特曼和丹尼斯·汤普森认为,从最根本的意义上讲,协商民主强调的是公民及其代表需要对其决策的政治性进行证明,他们都希望赋予其施于对方的各种法律以正当性②。

弗兰克·I. 米歇尔曼认为,协商民主是一种程序理想,这种程序理想是关于宪政民主社会的实际政治自我理解的理性重建的一部分③。

乔恩·埃尔斯特认为协商民主明确包括协商与民主两大部分,其中的民主是指所有受集体决策影响的人或者代表都应该参与到讨论决策的过程中;而协商则意味着决策的过程应该通过参与者之间进行公共讨论的方式进行,同时参与讨论的民众都必须具备理性和公正的良好品德④。

还有学者明确提出了不同于以上"协商民主"的认知概念,比如安东尼·吉登斯(Anthony Giddends)的对话民主、约翰·德雷泽克(John Dryzek)的话语民主以及爱丽丝·M. 扬(Iris Marion Young)的交往民主。

(二) 协商民主的基本特征

从上一部分梳理来自不同国度、不同领域的学者对协商民主的定义可知,从政治体制、政府形式到治理形式,再到决策形式,协商民主概念经历了一个不断丰富和发展的过程。而根据不同学者对协商民主的不同认知可以简要整理出协商民主的一些基本特征:

1. 多元性(Pluralism)

20 世纪后期,随着社会分化的进一步加剧,社会主体也日益

---

① Maurizio Passerin D'entreves, *Democracy as Public Deliberation: New Perspectives*, Manchester University Press, 2002, p. 201.

② Amy Gutman, Dennis Thompson, *Why Deliberative Democracy?* Princeton University Press, 2004, p. 3.

③ [德]哈贝马斯:《民主的三种规范模式》,上海人民出版社 2002 年版,第 279—293 页。

④ Jon Elester. *Deliberative Democracy*. Cambridge University Press, 1998.

呈现多元化的趋势。对于协商民主来说，社会多元性的存在，首先可能导致公民对集体目标、价值理念或者世界观等不能共享；其次可能因对多元社会进行强制整合与统一导致对多样性文化的牺牲。不过，有西方学者指出："公民社会中的团体多元性，只有当团体协作能够在公共领域中塑造和重塑自身，并因此改善克服文化上固定的、弱势群体持续不平等的社会条件时，才能促进协商。"①

2. 平等性（Equality）

公共协商要求每个公民都能够平等地参与政治决策过程。对此，博曼给出这样的解释，民主协商观点意味着一种规范的政治正当性理想，为使决策合法化，每个公民的理由都必须给予同等的关注和考虑。合法决策在两种意义上需要平等：第一，公民必须是平等的；第二，他们的理由必须给予平等的重视②。而协商民主中的平等则是一种具体的且较为复杂的平等，主要体现在三个方面：首先，在协商民主过程中需要每个人拥有平等的参与机会；其次，协商过程中的参与者必须拥有平等的可供支配的资源；第三，为了实现更好的平等理想，协商民主还要求关注每个参与者的能力平等。

3. 公开性（Publicity）

在协商民主的价值理念中，每个公民都有知道和评判对自身存在约束力的相关政策和法律的权利。"协商过程所提出的各种理由应该能够为所有参与协商的公民所理解。协商是在公共空间进行的，并且协商的内容也是公开的。"③ 这也意味着无论是公民还是官员都需要公开陈述自己的理由进而为自己的行为和决策作出辩护。因此，协商民主的公开性特征主要表现在几个以下方面：第一，协商过程是公众所知的，且整个协商程序也是公开的；第二，

---

① 陈家刚：《协商民主》，上海三联书店2004年版，第95页。
② ［美］詹姆斯·博曼，威廉·雷吉：《协商民主：论理性与政治》，中央编译出版社2006年版，第236页。
③ Amy Gutman and Dennis Thompson, *Why Deliberative Democracy*? Princeton University Press, 2004, p. 23.

协商参与者在参与过程中公开自己支持某项政策的偏好和理由；第三，公众对整个立法或者政策的形成过程是知悉的，而形成立法或政策的理由必须使所有公民信服①。

4. 责任性（Accountability）

公民在参与公共协商的过程中，不仅知道自己作出偏好和选择的理由，也对别人的观点有较为清楚的了解，更知道一项为实现公共利益的政策建议是来自各方达成共识的基础上。因此，参与协商过程的公民或其代表者也相应承担着一系列的责任：其一，提供理由说服协商过程中所有其他参与者的责任；其二，对其他理由与观点作出回应的责任；其三，根据协商过程提出的观点和理由修正各种建议，以实现共同接受的建议的责任。②

5. 程序性（Procedural）

协商民主强调程序，并认为程序是政治决策获得合法性的规范性要求。在公民参与决策的过程中，依靠合法的民主程序，使参与者通过平等的讨论或商谈对公共政策的政策建议达成共识，由此实现公共利益和个人利益的双赢。对此，哈贝马斯也曾指出："如果我们要使协商的程序成为民主理论的充满规范内容的核心部分的话，就要从意见和意志的形成过程出发，从形成构建意见和意志的普选活动和议会决议的过程出发，把它们理解为咨询和决策的理想过程的概念。"

6. 互惠性（Reciprocity）

互惠性在某种意义上是指公民在参与协商过程中可以站在别人的立场或原则上理性和互惠地表达自己的立场和想法，而别人也可以反过来站在我的立场或原则上去表达他们的意见和观点。换言之，这种协商是构建在相互尊重的基础之上的。在古特曼和汤普森

---

① James Bohman, *William Rehg. Deliberative Democracy*: *Essays on Reasons and Politics*. The MIT Press, 1997, p. 322.

② Maurizio Passerin D'entreves ed. *Democracy as Public Deliberation*: *New perspectives*. Manchester University Press, 2002, pp. 90–92.

那里，互惠性是构成协商民主观念的核心原则之一，因为即使人们处于在经过充分的讨论和协商但仍然存在道德分歧的状态下，最后不得不以选举民主的原则即少数服从多数作出决定，但互惠性原则的存在至少可以为人们在未来就某个没有达成共识的话题进行再次的协商和对话提供了可能。

除了以上几大特征以外，参与性、包容性以及理性也被许多学者视为是协商民主的重要特征，由于篇幅所限，这里就不一一展开论述了。

三 国内关于协商民主问题的基本观点

协商民主是 20 世纪 80 年代在西方理论界兴起的一种民主理论范式，虽然缘起于西方但在中国却有着较为广泛的应用空间，且对中国的民主政治发展有重要的借鉴作用。因此，协商民主理论在西方理论界一经产生，就立刻引起了一批极具学术敏锐洞察力的中国学者的关注。当时，以陈家刚为代表的中央编译局研究者将其视为国内社会科学研究的前沿。随后，哈贝马斯在 2001 年访华，分别在北京大学和中国人民大学作了以《民主的三种规范模式》为题的专题演讲。这些都为中国政治学学者开展协商民主研究提供了充足的动力。因此，一些中国的专家学者开始围绕协商民主的主题翻译、介绍和出版相关著作，并对其进行梳理、交流与讨论，形成了一系列关于协商民主的基本见解和观点。

（一）我国政治协商与西方协商民主概念存在差异

我国的"政治协商"与西方的"协商民主"存在着很大的差别，两者不能混为一谈。其差异具体表现在以下几方面：第一，基本概念不同。Deliberative Democracy 是一个外来词，它主张公民理性地、自由地、平等与参与讨论，反对不假思索的决策，更反对为了个人或团体利益进行讨价还价。在此过程中，公民提出各种相关的理由，说服他人，或者转换自身的偏好，最终达成共识，从而赋予立法或决策以合法性。第二，基本要素不同。其中包括协商的主体、协商的内容、协商的形式、协商的程度等。①

(二) 健全协商民主程序是我国政治发展的根本需要

林尚立认为,从中国民主发展面临的实际挑战和现实条件来看,中国民主政治的发展从民主的程序与过程入手更为有效。而不论在理论上还是实践上,协商民主都为实现一元领导与多元参与在民主法治框架下的有机统一提供了可能。具体来说,作者从以下两个方面对此展开了细致的分析:其一,就中国民主政治发展的程序价值选择背景来观察,中国民主政治发展强调的是民主的效率而不主张政治多元化。因此,竞争性民主在中国民主政治的价值偏好上不可能成为首选价值偏好,于是,未来中国民主政治民主程序的价值偏好就自然地趋向于协商性民主。其二,就程序价值偏好技术过程分析来看,中国传统的"和合"政治文化与现实的政党制度、政治协商制度相结合,使中国民主政治发展取向于协商政治有着深厚的政治资源作为支撑。②

(三) 协商民主是中国民主政治发展的首选方式

有三个方面的理由根据决定了协商民主是中国民主政治发展的首选方式:其一,中国现实的政治与社会的关系;其二,中国的政治价值文化的进化规律决定了只能以协商来渐进发展中国民主政治的心理基础;其三,从另一个侧面考察中国传统政治文化,中国发展协商民主具有较为深厚的"和合"传统思想资源与"言谏"传统做支撑。③

(四) 中国的国情决定了中国的协商民主道路

中国特色社会主义民主的优势在于协商而不在于选举,现在的政治生活需要以不断完善制度基础将社会生活的各个方面纳入到协商民主制度的范畴之中。作出以上判断主要有以下两个依据:其

---

① 汪玮:《西方"协商民主"的误读与借鉴》,《社会科学战线》2010 年第 8 期。
② 林尚立:《协商政治:对中国民主政治发展的一种思考》,《学术月刊》2003 年第 4 期。
③ 陈剩勇:《协商民主理论与中国》,《浙江社会科学》2005 年第 1 期。

一，协商民主资源丰富是中国特色社会主义政治发展的优势；其二，中国社会主义协商民主制度具有系统构造。①

四 协商民主理论在村民自治制度中的导入和应用

村民自治作为我国一项基本社会政治制度，它"改变了中国社会长期以来自上而下的授权方式，将一种自下而上的乡村社会的公共权力的产生方式用制度确定下来，体现了法治和民主精神，是现阶段中国民主政治建设的起点和突破口"②。具体来讲，在价值层面上，村民自治制度通过赋予村民民主权利，以获取广大村民的认同即自身的合法性；在实践层面上，村民自治制度目标的完全实现，从根本上有赖于制度具体操作层面上一系列有效机制的合理设计。

以目前村民自治在实践过程中的现实境况来看，在肯定它所取得的成就时，也不能否认它面临的诸如选举假象、两委矛盾凸显、自治权与行政权冲突等诸多困境。而这些困境的产生恰好容易"使人们开始质疑和漠视它的民主权利和权利价值觉醒"③，这也说明现阶段的村民自治在价值与实践二者之间存在着巨大的张力，更在某种程度上意味着村民自治在未来阶段的发展过程中可能会失去其内在价值中最为本真的东西，因此如何重拾村民自治的内在价值，进一步完善村民自治制度也就成为现阶段最具紧迫感的核心问题之一。

作为民主治理形式意义上的协商民主在本质上以实现公共利益为根本取向，主张公民之间通过平等地对话与讨论达成共识，并明确彼此间的责任，进而作出在得到普遍认同基础上的决策。针对目

---

① 庄聪生：《协商民主是中国特色社会主义民主的重要形式》，《民主与科学》2006年第3期。

② 徐勇：《中国农村村民自治》，华中师范大学出版社1997年版。

③ 于建嵘：《村民自治：价值和困境——兼论〈中华人民共和国组织法〉的修改》，《学习与探索》2010年第4期。

前村民自治制度在运作过程中表现出来的"制度失灵"和"制度偏离"的怪圈，引入协商民主理论可以使村民自治的运作效率得以提升，从根本上缓解村民自治目前的困境。因此，通过一系列的制度安排和程序设计，使协商民主机制合理地嵌入村民自治制度中，对于研究我国村民自治制度的深入发展意义重大。

第四节 理论框架

一 基本概念

（一）自治

从文字意义上解释，自治是指自己有权管理或者处理自己的事务，它与他治的意义恰好相反，在英文中与其相对应的词则是 autonomy 或 self—government。《现代汉语大词典》对于"自治"一词的解释为"民族、团体、地区等除了受所隶属的国家、政府或上级单位领导外，对自己的内部事务行使一定的自决权"。而《辞海》中的相关解释则更为直接，即"自己管理自己。"而西方国家对于自治的解释则有所不同，古语中"Autonomy"有三层含义：一为自治；二为自治权；三为自主。进入近代社会以后，形成了英美法系国家和成文法大陆法系国家两种不同的观点，前者认为自治权属于人权的一部分，是人类与生俱来的人权，自治相对于国家权力来说，国家权力是后来的、也是派生的；后者则认为自治权是国家赋予的，自治与官治连接在一起共同形成了法制国家的行政管理制度。从分析以上中外关于"自治"涵义的几种观点中，西方国家的自治含义似乎更为深刻，它强调的是"自我"和"个体"，围绕的是"自治权"和"自治权利"的实现。

借鉴中外对"自治"涵义的基本观点，并在充分考虑到我国特殊国情的前提下，本文对"自治"的涵义作出如下界定：即自治是指社会单位内部的管理机构或社会成员可以在一定范围和限度内拥有对自身事务的决定权和管理权。在这里需要强调的是，这种自治并不是不受任何约束或限制的自治，与此相反，任何国家的自治都是不能超越法律规定范围的自治。自治作为民主的形式之一，在我国主要包括以下五种类型：第一是民族区域自治。民族区域自治是当代中国依据马克思主义的民族观和国家学说的基本原理，针对我国的实际国情所确立的一种基本国家政策。为了维护国家统一，加强各民族平等、团结以及互助的民族关系，加快民族自治地方的社会发展，我国在 1949 年 9 月召开的中国人民政治协商会议上制定的《共同纲领》中，就已经将民族区域自治制度确定为一项基本国家制度，并在 1954 年召开的第一届全国人民代表大会上，正式把民族区域自治制度载入《中华人民共和国宪法》中，而以后对宪法的历次修改，都明确了这一制度的持续性和重要性。第二是特别行政区的高度自治。为了实现祖国统一，保障国家的主权和领土完整，实现大陆地区和港澳台地区的共同繁荣与发展，在秉持尊重历史、尊重现实的客观态度下，我国在香港、澳门以及台湾地区实行具有高度自治权力的特别行政区制度。特别行政区的高度自治权由中央授予，包括行政管理权、立法权、独立的司法权和终审权以及自行处理有关对外事务的权力，而这些权力都是有限制的，与中央的关系是领导与被领导，从根本上不同于联邦制和联盟制度下的地方自治。第三是地方自治。地方自治作为实现民主政治的基础，最早出现于古罗马时代，而现代意义上的"地方自治"，则是以"人民自治"理论为基础，认为人民的自治权利优先于国家，国家不仅不能干涉，而且还应该予以保护。事实上，关于"地方自治"的思想与制度总是不能脱离国家政权建设而存在，离开了国家政权建设，"地方自治"也就没有了现实意义。而从我国的现实情况来看，地方自治则是指在宪法和法律规定的范围内，一定领土范围内的全体居民组成地方自治团体，按照自己的意志设立地方自治机关，利用本地区的财力和物力，处理本区域内公共事务的一种地方政治制度。第四为基层社会的民主自治，主要包括农村村民自治和城镇社区居民自治两种。具体来讲，我国的基层民主自治是指我国城区、市镇居民以社区为单位，农村村民以村落为单位，实行民主选举、民主决策、民主管理和民主监督的政治制度①。而本文涉及的"自治"则是最后一种类型的自治，且特指农村社区的村民自治。

（二）村民自治

村民自治作为本书的主要概念之一，对它进行准确界定对全书的顺利展开具有重要的基础作用。通过文献考证，村民自治的提法并不是改革开放后的专属词，早在20世纪20年代就有学者使用，甚至在20世纪30年代就是一个较为流行的概念②。但本文所研究的村民自治概念特指现行大陆村民自治制度下的村民自治定义。目前，中国现行宪法和《村民委员会组织法》等法律只是对村民委员会的概念做出了明确规定，而对村民自治却没有给出基本定义，因此尽管有关权力部门和研究村民自治的大部分学者都对其提出了不同的含义解释，但至今尚未形成统一的说法。比如，民政部基层政权和社区建设司把村民自治解释为：村民自治"简而言之就是广大农民群众直接行使民主权利，依法办理自己的事情，创造自己的幸福生活，实行自我管理、自我教育、自我服务的一项基本社会政治制度"③。除了相关权力部门外，还有很多学者对村民自治的定义进行过诸多解释，形成了几种具有代表性的观点，这里就不一一列举了。但从总体上看，这些定义还缺乏全面性和系统性。因此，综合相关法律条款和专家学者对村民自治所做的定义，对村民自治的基本内涵作出以下界定：村民自治是指在国家相关法律法规的范围内，居住在农村社区的全体村民，通过民主选举、民主决策、民主管理和民主监督的方式，实行自我管理、自我教育、自我服务，办理本社区内的公共事务和公益事业的一项基层社会自治

---

① 王圣诵：《中国自治法研究》，中国法制出版社2003年版，第142页。
② 李德芳：《吕振羽是村民自治一词的最早使用者》，《北京师范大学学报（社会科学版）》2000年第5期。
③ http://zqs.mca.gov.cn/article/cmzz/zcwd/200711/20071100004515.shtml.

制度。

二 研究思路

从现阶段国内外对村民自治的研究现状来看,虽然看似囊括了几乎包括理论和实践上的所有方面,取得了丰硕的研究成果,似乎对其进行研究很难再有创新之处,但这并不意味着关于村民自治的研究没有值得学者们继续深入探讨的地方了。然而,正如目前村民自治在实践过程中还有许多矛盾和问题需要解决一样,对村民自治的研究同样也需要继续深入的研究与探讨,在实践层面,如何使村民自治走出目前的困境需要我们去分析与解决;在理论层面上,也有待我们进一步去总结和研究。目前,虽然有些学者已经关注到协商民主与村民自治在价值理论上存在很多契合点,但这类研究却对协商民主视角下村民自治的特征以及二者之间如何实现有效衔接并没有形成系统性的观点。

笔者认为,关于协商民主视角下的村民自治研究应该主要解决以下三个问题:其一,面对目前有些人对村民自治发展的否定与怀疑,从根源上找寻村民自治的发生发展逻辑,为村民自治的深入发展提供支撑和动力;第二,协商民主视角下的村民自治呈现什么样的特征,相比以往的村民自治有哪些方面的特殊性;第三,村民自治的实践仍在继续,在协商民主的嵌入下,村民自治的未来发展方向如何,通过协商民主的路径重点解决好村民自治哪些方面的问题。而以上提到的三大问题,也构成了本书的研究方向。

因此,本书将依据以下分析思路展开相关研究:第一部分首先对中国村民自治的制度规范与政治特征进行细致分析,找寻出村民自治发生发展的内在逻辑,为村民自治研究的深入发展提供充足的动力;第二部分则对协商民主与村民自治之间存在的契合点以及将协商民主导入村民自治的过程中具备哪些可行性因素进行细致分析,并系统考察协商民主视角下村民自治存在的几大特征,分别在村民自治的主体、村民自治中主体与客体间的关系、村民自治组织结构中的权力关系以及村民自治的社会功能等方面作重点分析与阐述，试图向人们清晰地勾勒出协商民主视角下村民自治的全景图；第三部分主要对现阶段几种具有代表性的乡村协商民主实践模式进行整理与总结，且对这几种模式的特点进行归纳分析，为将协商民主导入村民自治中的具体制度设计提供经验总结；第四部分主要考察目前村民自治在运行过程中的主要进展、存在的主要问题以及问题的成因，并对协商民主视角下村民自治未来可能的发展路径进行了重点论述，以期为实现村民自治的可持续发展提供理论支撑。

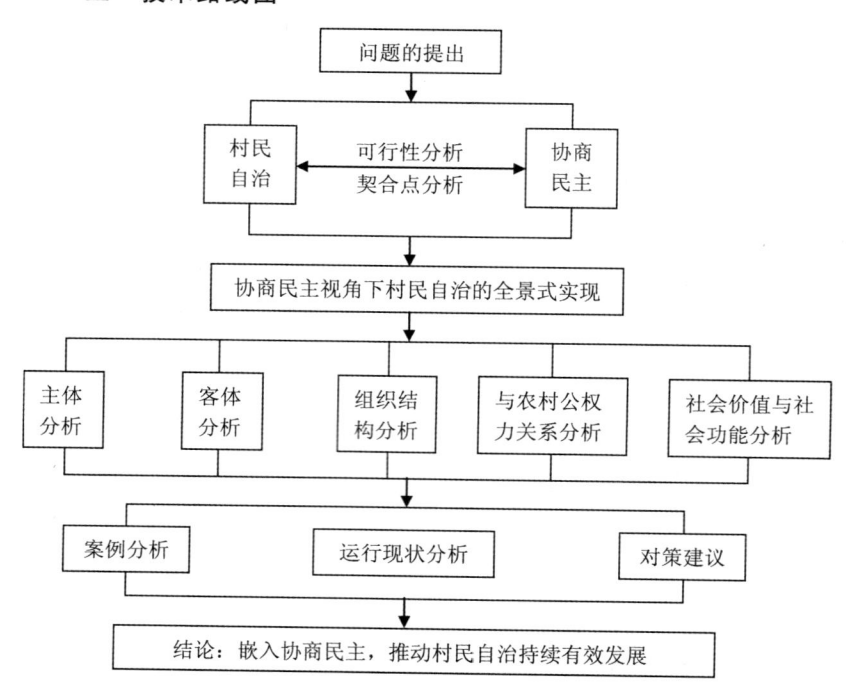

三 技术路线图

```
                    问题的提出
                        |
          ┌─────────────┴─────────────┐
        村民自治 ←可行性分析→ 协商民主
                  契合点分析
                        |
          协商民主视角下村民自治的全景式实现
                        |
    ┌────────┬────────┬────────┬────────┐
  主体分析  客体分析  组织结   与农村公   社会价值与
                    构分析  权力关系   社会功能
                              分析      分析
                        |
          ┌─────────────┼─────────────┐
        案例分析    运行现状分析    对策建议
                        |
        结论：嵌入协商民主，推动村民自治持续有效发展
```

四 研究方法

对村民自治问题进行研究，既有村民自治理论方面需要创新的因素，又有对村民自治在实践过程中陷入对诸多矛盾与困境的反思。基于此，为了使此项研究更具理论价值和现实意义，本书并用

多种研究方法，试图对其进行全方位、多维度的研究，以期作出自己点滴的学术贡献。具体来讲，包括文献研究法、历史分析法、过程分析法、案例分析法以及多学科综合研究法等。

（一）文献研究法

文献研究法是社会科学中最基本的研究方法，也是搜集相关资料的主要途径，指通过对与研究内容相关的文献进行搜集的过程，获得间接理论知识的方法。因此，本书文在前期的研究过程中利用信息推理、内容分析、次级分析以及统计资料分析等文献分析方法搜集了大量与村民自治问题有关的著作、学术期刊、国家的有关法律政策以及相关的网站，并对其进行了细致的分析、比较与总结，进而获得了丰富的研究资料。

（二）历史分析法

历史分析法是指按照发展过程，把过去的社会政治现象置于特定的历史背景中进行分析研究的方法。世界上的任何事物都有其产生、发展的内在逻辑，都有其自身的发展规律。英国的波洛克曾说，研究历史不仅能解释其中的各种政治现象，而且还能帮助我们发现政治现象在历史长河中的发展规律，并据此预测它未来的发展动向。而要研究村民自治的相关问题，必须首先考察它的产生根源和发展历程，对相关知识进行整体性地把握和了解，才能为更好进行深入研究打下坚实的基础。因此，在第一部分重点对村民自治的基本特征进行了历史性地考察，为以后的进一步研究作好了铺垫。

（三）比较分析法

比较分析法是指对彼此有某种联系的同一类事物进行对比，以提示其内在规律的方法。有比较才会有鉴别，比较分析法可以帮助人们开阔视野，且有助于深化认识，探求政治发展规律。本书通过将协商民主视野下村民自治的特征与普遍意义上村民自治的特征进行对比分析，得出了前者存在较多优势，更具现实进步性的结论，从整体上保证了本项研究的客观性。

（四）案例分析法

案例分析法作为社会科学研究中最为常见的一种方法，尤其在政治学和社会学研究中具有极广泛的应用。村民自治作为兼具理论性和实践性双重性质的现实问题，选取经典案例进行研究与分析，得出一些较为可靠的结论，并在理论上对其总结与升华，是村民自治研究必不可少的一个过程。

（五）多学科综合研究法

多学科综合研究法加强了学科间的相互渗透与融合，这种方法力图借用普遍联系的观点，多方位、多视角地考察分析一种现象，以全面、准确地把握事务的本质。从村民自治的起源来看，它首先是一种社会现象和历史现象；但从它的实践过程来看，它不仅仅是一种政治现象，还涉及相关的经济问题与法律问题，并不能单独地说它属于其中的哪一种，而只能说它是几种现象交织在一起的综合问题。因此，本书对村民自治的研究，综合采用了政治学、社会学、历史学以及法学等多学科的研究方法，对其进行多维度地考察，试图使村民自治问题立体式地呈现在读者面前。

五　创新点与不足之处

（一）创新点

如前所述，尽管村民自治研究在现阶段已经有了较为全面与充分的研究，但在理论上和实践上仍然有待继续深入探讨。因此，本书试图将村民自治置于协商民主的视角下，在某些方面实现一定的创新。其可能的创新点体现在以下两个方面：

第一，研究视角的创新。

纵观国内外关于村民自治研究的文献，大部分学者都采用乡村治理、政治民主、国家建构、历史发展、经济发展、阶层分化以及城乡一体化等视角对其进行了研究，并形成了关于村民自治问题的一整套研究格局。协商民主作为当代民主理论的一个重要分支，自从它被译传至国内以后，学者们就给予了积极关注，其中也有部分学者注意到了协商民主与村民自治之间的联系，但从协商民主的视角对其进行系统研究，在目前的相关文献研究里还比较少见。因此，将村民自治置于协商民主的视角下，应当称其是研究视角上的一种创新。

第二，研究内容的创新。

目前学术界对村民自治问题的研究，主要是从宏观与微观两大层面展开的。具体来讲，在宏观层面，集中体现为村民自治对国家建设、民主发展的重大意义；而在微观上层面，则主要表现为对村民自治制度本身的研究上，尤其以村民自治本身的运作机制为研究重点，主要体现在村民自治"四大民主"的内容和形式、村民自治在运行实践过程中的现状和问题以及针对问题如何提出一些可行性较强的对策建议等方面。从整个村民自治研究开展的过程来看，对村民自治的理论研究始终落后于实践方面，研究中简单套用个别理论的现象较为突出，很难对村民自治实践起到很好的指导作用。此外，大多数研究都将内容局限于一个点，仅仅突出某个问题或者某个方面，研究的系统性相对缺乏。而村民自治作为一个综合性的问题，不仅需要总结实践中的经验为其后续发展提供借鉴，而且需要对其进行理论上的总结与创新。因此，本书将村民自治置于协商民主的视角之下，在梳理村民自治发展历程的基础上，对协商民主视角下村民自治的几大特征进行详细归纳，并对目前几种具有代表性的乡村协商民主实践在理论上进行总结与提升，探讨出了村民自治未来的发展路径。这样的研究既有利于丰富村民自治理论本身，也有利于读者从整体上对协商民主嵌入村民自治制度中的具体路径进行了解与把握，可以说是在村民自治研究内容上得到了创新。

（二）不足之处

村民自治问题是一项系统工程，必须用科学的观点把握其实质，必须站在历史的高度审视其成就和问题，必须立足中国现实发展的国情进行科学的村民自治理论创新。本书虽然也在以上方面作出了一些努力，从村民自治的发展历程去找寻其内在的发生发展逻辑，试图去从根源上把握村民自治的民主本质，对所涉及的相关问题进行了分析、论证与解释，并提出了一些解决目前村民自治困境的理论构想和具体路径，但受学术能力所限，本书所作的研究与该论题本身需要揭示的内涵高度与深度还有一定距离，对所涉及论题的许多重要内容，如对村民自治发展历程的把握、协商民主视角下村民自治特征的理论分析与论证以及使协商民主有效地嵌入村民自治制度的具体构想等，还有待在今后的研究中进一步深入地探讨和细致地分析。此外，本书仅选取了几个具有代表性的案例进行总结与分析，得出的结论是否在普遍意义上成立，还有待今后村民自治在理论和实践研究的进一步检验。

第二章　村民自治的制度规范与政治特征

我国村民自治是党领导中国农民建设有中国特色社会主义民主政治的伟大实践之一，更是中国农民尝试的一场历史上从未有过的民主试验。这个民主尝试所体现的民主精神与人类文明发展的历史趋势相吻合，是中国民主政治发展进程中的重要里程碑。因此，在对村民自治问题进行深入探讨之前，首先对村民自治的制度规范与政治特征进行了分析，以便为继续研究打下坚实的基础。

第一节　制度规范简析

要想对村民自治的实践过程有较为直观和深入的了解，首先要对其内部的制度结构有所认知，否则会使所有的后续研究都陷入一种"理论空洞化"的无序状态之中。而从理论上讲，考察村民自治制度结构是否规范化，则不仅需要对村民自治的制度文本进行量化分析，还应当对其各个制度文本进行质化研究，甚至对整体上的结构体系是否合理进行深度考量才能达到理想预期中的效果。经过多年的实践与发展，如今的村民自治制度规范在内部结构中已经基本形成了一个纵横相间的网络体系，其中包括在纵向方面的链条式相扣、横向方面的覆盖式相接以及整体方面的逻辑结构的不断合理。

一　纵向方面的链条式相扣

村民自治作为我国重要的基层民主制度，是关系到我国农村地区甚至整个国家社会经济发展的基石,其意义体现得非常明显。而村民自治制度自萌发、产生、发展再至扩展深化,在整个实践过程中无不与其制度文本的逐步健全一一相应。因此可以说,村民自治在我国广大乡村地区的实践史就是村民自治制度规范文本日益增阔的发展史。目前,与村民自治相关的制度文本主要体现在国家立法、地方立法以及乡村内部制定的村民自治章程和村规民约三个层面。

(一) 国家立法层面

在国家立法方面,与村民自治相关的有关制度文本主要包括国家《宪法》、《村民委员会组织法》和其它由全国人民代表大会以及常务委员会制度的相关法律。其中《宪法》第111条有如下规定,"城市和农村按居民居住地区设立的居民委员会或者村民委员会是基层群众性自治组织。居民委员会、村民委员会的主任、副主任和委员由居民选举。居民委员会、村民委员会同基层政权的相互关系由法律规定"。以上《宪法》对村民委员会性质和地位的确定,为后续的村民自治制度设计提供了根本保证和制度支撑。而《村民委员会组织法》作为专门针对村民自治制度设计的法律文本,则对村民自治的运行实践具有重要的指导意义。此外,其他与村民自治相关的国家法律还包括《人口与计划生育法》《统计法》《农业技术推广法》《物权法》《继承法》《预防未成年人犯罪法》以及《安全生产法》等,这些法律都在不同程度上涉及到村民委员会的相关职责和村民自治事项。同时,除了《宪法》、《村民委员会组织法》以及其他与村民自治相关的国家法律之外,国务院及其它党政部门还颁布下发了一系列专门针对村民自治制度的行政法规和部门规章,这些规范性行政文件和部门规章不仅对实现村民自治制度在我国农村地区的规范运行提供了具体的操作程序,同时其自身也成为了推动村民自治制度的重要制度形式。而自1998年村民自治制度广泛推行以来,国务院出台的与村民自治相关的规范性文件有《关于进一步做好村民委员会换届选举工作的通知》《中共中央办公厅国务院关于健全和完善村务公开和民主管理制度的意见》《中共中央办公厅国务院关于加强和改进村民委员会选举工作的通知》《农村基层干部廉洁履行职责若干规定（试行）》以及《深化农村改革综合性实施方案》等，这些文件的出台为村民自治的实施提供了普遍指导。此外，由党政部门下发的与村民自治相关的文件包括《关于在全国农村开展村民自治示范活动的通知》《关于规范村民委员会印章制发使用和管理工作意见的通知》《村民一事一议筹资筹劳管理办法》《农村集体财物管理规范化管理办法》以及《民政部、全国妇联关于进一步加强新形势下妇女参加村民委员会工作的意见》等，这些行政规章为村民自治在实施过程中遇到的某些困境提供了直接的规范与指导。通过分析上面情况不难看出，有关村民自治的行政法规与部门规章的相关法律文本不仅数量庞大，而且在相应的规定方面也往往更为全面与细致，操作性更强，这些行政法规与部门规章为村民自治的顺利推行起了直接的保障作用。

（二）地方立法层面

我国宪法第一百条有如下规定，"省、直辖市的人民代表大会和它们的常务委员会，在不同宪法、法律、行政法规相抵触的前提下，可以制定地方性法规，报全国人民代表大会常务委员会备案"。而《立法法》在第六十四条和第七十三条分别规定了地方法规和地方政府规章的制定权，"地方性法规可以就下列事项作出规定"，"省、自治区、直辖市和较大的市的人民政府，可以根据法律、行政法规和本省、自治区、直辖市的地方性法规，制定规章"。同时，我国现行的《村民委员会组织法》在第三章第十五条和第六章第四十条中分别提到，"具体选举办法由省、自治区、直辖市的人民代表大会常务委员会规定"，"省、自治区、直辖市的人民代表大会常务委员会根据本法，结合本行政区域的实际情况，制定实施办法"。根据以上三大国家法律的相关规定，我国地方立法主体制定了为数庞大的地方法规和地方政府规章，其中既包括直接针对村民自治活动的立法，还有诸多仅有个别条款与村民自治事项相关的非专门立法。在地方性法规方面，如2001年7月20日重庆市第一届人大常委会第三十四次会议通过的《重庆市村民委员会选举办法》、2002年11月审议通过的《安徽省村内兴办集体公益事业筹资筹劳条例》、2005年7月29日山西省第十届人民代表大会常务委员会第十九次会议通过的《山西省村民委员会选举办法》等。在地方部门规章方面，如2003年重庆市政府制定的《重庆市农村村级范围内筹资筹劳管理办法》、2006年宁夏回族自治区人民政府发布的《宁夏回族自治区村务公开办法》、2009年四川省第十一届人民代表大会常务委员会第十九次会议通过的《四川省村务公开条例》等。通过上述对村民自治地方立法的分析与梳理可以看出，我国村民自治地方立法在立法主体、立法模式、立法时机与立法原则等方面具有不同程度上地相似性，但在立法条款和具体内容方面却表现得较有差异，具有一定的不平衡性。

（三）乡村内部层面

我国现行的《村民委员会组织法》第四章第二十七条有如下规定，"村民会议可以制定和修改村民自治章程、村规民约，并报乡、民族乡、镇的人民政府备案。村民自治章程、村规民约以及村民会议或者村民代表会议的决定不得与宪法、法律、法规和国家的政策相抵触，不得有侵犯村民的人身权利、民主权利和合法财产权利的内容。村民自治章程、村规民约以及村民会议或者村民代表会议的决定违反前款规定的，由乡、民族乡、镇的人民政府责令改正"。村民自治章程和村规民约在得到国家正式法律的肯定后，已经成为村民行使村民行使自治权的内部制度规范，并逐步成为村民自治制度建设的"助推器"。村民自治章程和村规民约作为村民依法实行自治、依法治村和民主管理的行为准则和行为规范，二者都属于农村基层民主管理规章制度建设的范畴，因此从形式上讲，它们之间存在诸多相似之处，比如在制度的目标、程序以及原则方面表现出极大的共通性。

目前，村民自治制度规范在纵向方面已经基本形成了较为明确与合理的"链条式"体系结构，而如何使"链条"上的各个节点更加顺畅地得以连接，以在最大程度上发挥其制度功效，也是摆在理论工作者面前的一大难题。

二 横向方面的覆盖式相接

目前，村民自治制度规范体系不仅在纵向方面表现出层层相扣的链条式特点，并且在横向方面也即村民自治的内容体现在制度文本上存在覆盖面广、针对性强等特点。从相关的法律规定和制度文本来分析，村民自治的主要内容包括民主选举、民主决策、民主管理与民主监督四大方面。而这四个方面的民主作为村民行使村民自治权的直接途径和根本保证，在制度文本的层面也得到了相应地体现。

（一）民主选举方面

民主选举作为推行村民自治制度的核心内容和重要保障，主要是指村民委员会的选举。而关于村委会选举在我国现行的《村民委员会组织法》中有诸多条款对其作了相关规定，使得村委会选举在具体的实践运行中有了国家正式法律的肯定。同时，针对村委会选举，国务院和其他党政部门也下发了一系列文件通知，如《关于进一步做好村民委员会换届选举工作的通知》《关于加强和改进村民委员会选举工作的通知》《关于建立村民委员会选举情况统计报表制度的通知》等。在地方立法方面，自 1998 年村委会组织法制定到 2010 年村委会组织法修改之前，我国就有 27 个省份具有了本地方的村委会选举法，而其他四个省份则是将村委会选举的规定条款放在了本省的实施办法中①。此外，个别省份还针对村委会选举中的某一方面创制了包括村委会选举观察员制度、村民委员

---

① 刘志鹏：《我国村民自治立法问题研究》，光明日报出版社 2012 年版，第 75 页。

会选举工作责任追究制度、村民委员会选举档案制度等①。

（二）民主决策方面

民主决策作为村民自治的重要环节，是实现村民行使自治权的内在要求与本质所在。而村民会议和村民代表会议作为民主决策的两大主要形式，在《村民委员会组织法》中也有相应地法律条款对其作了基本规定。1990年，国家民政部正式下发了《关于全国开展村民自治示范活动的通知》，这是国家第一次以正式文件的形式肯定了村民代表会议的存在。此后，直接针对村民会议和村民代表会议的制度文本陆续在各个省市出现，如《北京市村民会议规则》《浙江省村民代表会议工作规程（试行）》及《成都市村民议事会导则（试行）》等。

（三）民主管理方面

村民自治中的民主管理包括制订村民自治章程或村规民约，把村民的权利和义务，村级各类组织之间的关系、职责、工作程序以及经济管理、社会治安、村风民俗、计划生育等方面的要求规定清楚，从而提高村民的自我管理、自我教育、自我服务的能力。从国家层面来看，与民主管理相关的制度文本为数不少，其中包括《关于在农村普遍实行村务公开和民主管理制度的通知》《关于健全和完善村务公开和民主管理制度的意见》《关于进一步规范乡村财务管理工作的通知》以及《关于开展村务公开和民主管理"难点村"治理工作的若干意见》等。从地方层面来看，也有很多省份出台了诸多与民主管理相关的制度文本，比如《河北省村级民主管理条例》、《广东省村务管理办法（试行）》以及《福建省村级财务管理条例》等。

（四）民主监督方面

民主监督作为村民自治中的重要环节，是通过村务公开、民主

---

① 程瑞山：《村民自治制度文本的体系结构分析》，《保定学院学报》2011年第2期。

评议村干部和村委会定期报告工作等形式，由村民监督村里重大事务，监督村委会工作和村干部行为。其中村务公开作为民主监督的重要内容之一，在我国现行的《村民委员会组织法》第三十条和第三十一条对其作了较为细致地规定。此外，在国家层面的制度文本，包括《关于健全和完善村务公开和民主管理制度的意见》《关于做好村务公开目录编制工作》都对村民自治中的民主监督给予了具体地程序指导。而在地方层面，不少省份也针对村务公开问题进行了专门立法，比如《宁夏回族自治区村务公开办法》《陕西省村务公开民主管理办法》以及《四川省村务公开条例》等。除此以外，与民主审议村委会工作报告和民主评议村委会成员、民主罢免方面相关的制度文本也为数不少，这里就不一一列举了。

可以说，目前村民自治制度规范在横向方面几乎涉及到了村民自治在实际运行中所需的程序性问题的方方面面，但村民自治的实施过程本身就处于动态的发展中，因此制度规范也应该根据村民自治发展过程中出现的某些问题而不断地调整与修正，同时也只有这样才能使村民自治的制度功效与实践经验逐步趋于统合。

三 逻辑结构的不断合理

根据前面部分的分析得知，目前村民自治制度规范在纵向与横向两大方面已经基本形成了较为系统的体系结构。而从整体上看，村民自治的制度规范体系化则体现地更为明显，基本构建起了纵横交叉、合理有序的制度网络群。不可否认的是，如果将村民自治制度作为一个整体的研究对象，在逻辑结构方面对其进行剖析，可能存在一些诸如连接链不够顺畅甚至脱节、内容划分不够细致等方面的问题。但同样不能忽视的是，任何制度规范的建设都是一个逐步调整完善的过程，没有任何一种制度会是一步到位、不经历修订以及适应过程的。这一点同样适用于对村民自治制度的逻辑结构研究。因此，若想将村民自治制度看作研究对象，分析其内部的逻辑结构，则应该以历史的、客观的角度去进行全面剖析，而不能仅仅停留在制度规范中的某一层面或某一问题去片面地加以探讨。具体而言，我国《宪法》中关于村民自治的基本定位为村民自治的具体实施提供了基本保证，同时也构成了此后与村民自治相关的一系列制度文本的根源所在。而《村民委员会组织法》作为推行村民自治制度的根本大法，经过几次反复的修改与调整，在村民自治的内容、形式与程序等方面已经基本规范化。而无论是国家层面，还是地方层面甚至是乡村内部的层面，有关村民自治实施制度文本都占有相当大的比例，并形成了多层次、立体化的制度格局。此外，在村民自治制度的反馈评估层面，目前也取得了一定的进展，对村民自治的实施情况有了基本了解与评估。由此可见，经过多年的建设与发展，村民自治制度规范通过不断地调整与适应，逐步建立起了较为系统的网络制度群，其内部的逻辑结构也逐渐清晰与合理化，为推动村民自治的发展提供了坚实的制度保障。

第二节　政治特征

中国改革开放40多年来，在经济体制不断得到改革与深入发展的同时，其民主建设也取得了长足的进展，尤其是基层民主建设的成效尤为显著。村民自治作为中国基层民主建设的核心内容之一，不仅对加快农村基层民主发展进程起到了直接的促进作用，还为整个社会主义民主政治建设提供了基础保障。而村民自治作为一种国家正式法律承认的基本制度，自产生之日起就涉及到农村发展建设的各个方面，并逐步显现出诸多发展特征，体现在政治、经济、文化以及社会等多个层面。如果从村民自治的制度渊源、制度功效来分析，村民自治在政治方面的特征似乎较其它方面更为明显。因此在这一部分，就村民自治的政治特征作一简单论述，以期为后续研究打好坚实的理论基础。

一 一种非国家形态民主

现代社会所言的民主包括国家形态民主与非国家形态民主两大部分。虽然从理论上讲,民主应该首先是一种国家形态和国家制度,与此相应,我国的社会主义民主主要指的是社会主义制度,但如果说社会主义民主就是社会主义的国家制度就不对了,因为社会主义民主除了国家形态民主的部分外,还包含着广泛的非国家形态民主的内容。因此,社会主义民主也是国家形态民主与非国家形态民主的有机统一。在实际的政治生活中,人民民主不仅仅代表着广大人民群众享有管理国家政治事务、经济事务、文化事务等各项社会事务的民主权,还意味着在现实的社会生活中实行民主。可以说,国家形态民主的建设与发展,基本确定了当代中国民主政治发展的大概路径与基本趋向,其重要性就不言而喻了。而非国家形态民主作为国家形态民主的重要补充与完善,却深入到了人民群众现实生活的诸多方面,对促进中国民主政治建设起着重要的基础性作用。在特定的历史条件下,当代中国的非国家形态民主获得了较大发展,并在一定程度上成为当代中国民主政治的"生长点"[1]。具体而言,非国家形态民主是指村民自治、职工代表大会、社团民主管理等不体现国家权力关系的各种民主形式,具有非国家性、自治性、内生性以及直接性等特点[2]。村民自治作为推进农村基层民主建设进程的制度保障,无论从它的产生渊源、权力来源还是运行程序来分析,都可以得知其属于非国家形态民主的内容之一。其一,从村民自治的产生过程来看,它是在原先的管理体制崩盘、而新的管理体制又尚未形成,农民群众为维护自身利益而自发创造的一种制度,它并不是国家提前制定好的制度设计在农村社会的强制性应

---

[1] 郭道久:《在国家形态民主与非国家形态民主间寻求契合点——关于当代中国民主发展路径的思考》,《理论与改革》2010 年第 5 期。

[2] 朱光磊、郭道久:《非国家形态民主:当代中国民主建设的突破口》,《教学与研究》2002 年第 6 期。

用，与国家的制度安排无关，因此具有内生性的特点。其二，作为村民自治组织载体的村民委员会，其权力的产生以尊重村民的真实意愿为基础，来自于全体村民的认可与授予，由全体村民共同选举才有效，这种权力从根本上区别于国家权力，既具有直接性、又符合非强制性的特点。因此，村民自治作为农民群众实现自我管理、自我教育和自我服务的直接途径与现实保障，具有典型的非国家形态民主的政治特点。

二　建立在一定经济基础之上的直接民主

直接民主是与间接民主相对应的概念，是指统治者与被统治者的身份的重合，公民作为国家的主人直接管理自己的事务，而不通过中介和代表①。直接民主与间接民主作为实现民主的两种不同方式，不能一味地支持谁或否定谁，而应该通过分析对比各自的内涵与现实条件，总结出双方的优势所在，进而在把握好一个度的前提下，将二者进行结合，为推动当代社会的民主政治发展提供理论保障。单就直接民主而言，当代社会政治生活中的直接参与、直接选举以及全民表决等方式都具有直接民主的性质，但都不能界定为真正意义上的直接民主。从根本上讲，直接民主应该包含有两个层次的内容，一是指的是整个国家体制中实行直接民主的方式，比如较为经典的古希腊雅典的民主制，是城邦公民直接参与该城邦公共权利的行使和直接管理相关事务的民主方式；二是指针对某一问题的解决采用直接民主的方式，而整个国家体制还是实行间接民主。村民自治作为一项农民群众直接行使民主权利的基层民主制度，不仅重新调整了国家与农村社会的关系，而且通过实行"四个民主"，使农民真正感受到了当家做主的地位。可以说，村民自治制度关涉到农村基层生活的诸多方面，但从其发展过程来分析，它不仅以促进农村经济改革为切入点，更是以农村的经济发展为前提。在农村

---

① 陶文昭：《论民主的直接化》，《开放时代》2004 年第 6 期。

地区推行村民自治，使广大村民可以真实地享有选举权、对本村相关事务的决策权、管理权以及监督权，这不仅是直接民主在农村地区的很好运用，还将村民的自治意识、民主意识和参与意识从根本上得到了增强，同时在最大程度上激发出村民参与农村经济建设和改革的积极性，进而大力推进了农村基层民主建设的发展进程。

三 自治权利行使的直接性与制约性

村民自治作为村民直接行使自治权利的一项基本社会政治制度，从其本质内涵来分析，村民对于自治权利的行使主要采取直接参与的方式进行，表现在整个运行过程中，主要包括直接选举村委会的组织成员、直接参与村里重大事务的讨论、直接自由表达自己的意愿以及直接监督村干部的管理工作等，这些无一不表明村民在行使自治权利时具有直接性的特点，同时也是人民主权原则在农村基层社会中的具体表现。但自治主体行使自治权利的直接性并不意味着这种权利是不受制约的，相反这种权利是建立在一定的自治条件之上的，也是作为具有中国"烙印"的村民自治不属于无条件、无约束、无限制的民主形式，它必须要接受村党支部的领导和乡镇政府的指导以此确保中国共产党的领导和国家意志在农村社会的贯彻与落实。因此作为一种基层民主自治制度，村民自治在更多的层面上是为了保障村民直接行使自治权以实现村民自己管理内部事务的民主目标，但从实际的角度出发，它又离不开国家形态民主的"庇护"，其发展方向也必须与国家的发展目标保持一致，进而形成自治权利行使的直接性与制约性交叉存在的政治特征。

四 具有社会整合效能的民主形式

村民自治作为由国家认可并主导、农村社会内生的一种基层民主制度，不仅仅在民主价值方面较之以往有根本性地突破，更在社会整合功效方面得到了大幅提升。具体而言，这种功效主要体现在两大方面。其一，在国家整合与社会关系的方面。村民自治制度在农村社会的实施，打破了国家与农村社会的以往格局，形成了"乡政村治"的新模式，实现国家与社会在法律与实践层面的第一次分离，也使国家重新对农村社会实现了整合。其二，在整合农村社会内部方面。农村地区作为整个国家政治经济发展的基础，没有农村地区的稳定，就没有整个国家的稳定。从整体上看，自农村社会实施村民自治制度以来，在调整农村社会各利益主体之间、促进农村经济发展与维护农村社会稳定等方面都起到了明显的推动作用，也从根本上实现了农村社会地区的有效整合。可以说，自村民自治制度建立至今，其社会整合的功效就一直显现，只是在不同阶段、不同时代条件下，随着农村整合资源的增减，这种功效不会持续保持稳定甚至会出现起伏不平、高低不一的曲线式状态。比如在城市化进程加快推进的当今，村民自治的发展面临诸多现实困难，导致其社会整合功效也大大减弱。因此，如何根据目前农村地区的实际情况探寻实现村民自治的有效形式，从根本上提升村民自治的社会整合功效，是目前理论工作者应该努力的一个方面。

第三章 中国农村基层实行协商民主的可行性分析

第一节 协商民主与村民自治之间存在的契合点分析

一 以实现公共利益为最高价值诉求

诚然,作为一种理论研究,对待同一研究对象,学者们对协商民主作出不同的认知与判断是很正常的事情。但无论他们对其有着怎样不同的理解,选取怎样不同的截断面,对协商民主的核心内涵还是有着较为统一的认知的,否则他们也就不会被归到"协商民主研究派"旗下了。在协商民主论者看来,协商民主的基本核心内涵包括公共协商、自由讨论与参与合作,其中的公共协商是指公民参与公共讨论和批判性审视,继而形成具有集体约束效应的公共政策的过程。同时这些公共政策的形成过程不能孤立片面地理解为是一种政治讨价还价的模式,而应被看作是一种公共利益责任支配的程序。承载合理性的政治协商必须以公共利益作为其最高价值诉求,因此公共协商的主要目标不是狭隘地追求个人利益,而是利用公共理性寻求能够最大限度满足所有公民愿望的政策①。埃尔斯特曾经提到,政治协商要求公民个人超越"市场"的私人自利而诉诸"论坛"的公共利益;也只有当其改善政治决策,尤

---

① Jorge M. Valadez. *Deliberative Democracy, Political Legitimacy, and Self-Determination in Multicultural Societies*. USA Westview Press, 2001, p. 31.

其是基于实现共同目标时,源于公民立场的政治协商才是具有正当性的①。作为一种政治过程,协商民主在尊重和承认多元利益的基础上,也鼓励和提倡公开和改变参与者的个人利益以实现公共利益,而诉诸公共利益的政治协商就能够认真聆听弱者的意见,争取实现弱势群众的利益最大化。可以说,协商民主集中讨论的是具有迥异性和不同利益的公民个人能否确认和维护共同的善,同时这些共同的善是指经过参与者的共同讨论与协商后继续存在的公共利益,而这些参与者对这些公共利益具有极强的认同性,他们甚至为了通过放弃个人利益而达到实现公共利益的目的。因此,诉诸公共利益不仅能够引导公民实现在多元利益冲突基础上的一致,更是协商民主的核心要素之一。

而村民自治作为我国农民创造的一项中国特色社会主义基层民主制度,它的普遍推行不仅使农民能够直接参与农村基层公共事务的决策并保证其合理性,还为农民群众提供了更多的话语权和自主权,从根本上保障了广大农民群众自身利益的实现。从起源上看,村民自治是在人民公社体制失灵的情况下产生的。为了更好地实现农民对基层农村的自我管理以便维护广大农民群众的切身利益,一种新的基层群众自治性组织即村民委员会应运而生,此后通过扩大社会职能,村委会逐步成为农民为维护切身利益而对基层民主政治、经济与文化等方面进行自我管理与自我服务的群众自治性组织。而从村民自治萌生、发展与深化的整个过程中可以得知,无论其民主规则与程序经历怎样的设计与改变,都是为实现广大村民的切身利益这一主旨服务的。

由此可见,协商民主与村民自治虽植根于不同的土壤,在不同的文化传统与社会背景下产生,但它们在维护公共利益这一方面却有着极大的相似性,都希图通过一定的程序与方式寻求公共利益的

---

① [美]詹姆斯·博曼、威廉·雷吉:《协商民主:论理性与政治》,中央编译出版社 2006 年版,第 5 页。

最终实现,同时这也是本书能够开展论述的基础所在。

二 承认决策过程必须以公民充分的讨论与协商为基础

从总体上讲,从 20 世纪后期协商民主理论产生到后来的丰富与发展,期间虽然经历了较为漫长的学术拓展过程,但无论理论界怎样定义协商民主,它的本质特征都不会改变,比如它一定会是建立在以公民充分的讨论与协商基础上的。从本质上来讲,协商民主要求接受和容纳每个可能受公共决策影响的公民,且他们以公共利益为共同的价值诉求,通过自由、理性的信息交流与讨论,在达成共识的基础上赋予立法和决策以合法性。同时也正因为此,这种公共协商结果的政治合法性不仅基于考虑所有人的需求和利益之上,而且还建立在利用公开审视过的理性指导协商这一事实基础之上①。由此看来,公民充分的讨论与协商不仅是协商民主的本质特征之一,还是开启协商民主的重要过程,自由、平等的公民只有经过积极参与讨论、对话与协商,真实地反映与表达自身的偏好,才可能与其他人形成共识,最终实现合法决策。

村民自治作为一项基层民主政治制度,经过 30 多年的实践与发展,已经形成了多种实现形式,这些形式不仅拓宽了村民自治的发展路径,同时也为其继续发展打下了良好的实践基础。但无论村民自治经历怎样的变迁与发展,它内在的精神价值却都一直存在,尤其是它提倡的对村民"个人"民主权利的支持与保护。要想在农村社会实现这种个人民主权利,并非理论界作出这样的判断即可,它更需要一定的程序规则和制度规范加以肯定与保障。而我国的《村民委员会组织法》也明确规定,对涉及村民利益的有关事项,如从村集体经济所得收益的使用;本村公益事业的兴办和筹资筹劳方案及建设承包方案;征地补偿费的使用、分配方案等,必须召开有村民参与的村民会议,经过村民会议或村民代表会议的充分

---

① 乔治·瓦德拉斯:《协商民主》,《马克思主义与现实》2004 年第 3 期。

讨论才能做出决策，任何个人意志都不能强加于实现决策的过程中。

因此，虽然协商民主与村民自治产生于不同的社会背景，却都以承认公民充分的讨论与协商为事实基础，在此点上二者可以碰撞出较为强烈的火花，也为学者们开展此方面的研究提供了良好的理论基础。

三 以公民的平等和理性参与为前提

参与作为协商民主的重要过程，它不仅体现了协商民主的基本特征，还承载着整个协商过程中的完整性。而协商民主过程中的行为者，则是政策影响所及的相关利益主体，其中任何缺乏政策对象的参与，协商民主都无法开启讨论模式。因此，协商的过程实际上就是各种具有不同利益倾向和偏好的政治主体参与整个政治生活的过程，这些参与者参与协商过程，并对形成共识和具有合法性的政治决策承担相应的责任。同时，在协商民主的实践中，这些参与者被要求能够平等且理性地参与整个政治过程，这也就意味着所有关于政策协商的参与者必须拥有平等的机会和可支配资源，并且他们可以理性地修改自己的建议和接受其他人对其建议的批判性审视。博曼认为，民主协商观念中的合法决策在两种意义上需要平等：其一，公民必须是平等的；其二，他们的理由必须给予平等的重视①。与普遍的公共协商不同，平等公民之间的公共协商会产生更好的结果，因为它集聚了更多关于社会中不同利益群体的信息，这种协商会使权力与社会资源分配的非对称性在决策中失效，因此产生的政治决策也更具合法性。除此之外，协商过程还应该以公民的理性参与为基础，因为理性是引导协商过程能够合理趋向共识并诉诸公共利益的重要条件，使协商过程发挥作用的也应该是合理的观

---

① ［美］詹姆斯·博曼、威廉·雷吉：《协商民主：论理性与政治》，中央编译出版社2006年版，第236页。

点，而不是参与者情绪化的诉求。

与协商民主相比，村民自治在这方面似乎少了些极具依赖性的理论条框，但这并不表明它不具备这样的实质特征。恰好相反，如果我国广大农民群众不是在平等和理性的现实或未来状态下行使自己的自治权，那么如今的村民自治可能会是另外一番景象。诚然，我国目前的广大农民群众在民主实践方面似乎还缺少一定的民主训练和民主意识，但这与他们应该具备什么样的民主素质与应该在什么样的环境下行使自治权并不冲突。村民自治作为我国广大农民群众依法直接行使民主权利，依法办理自己的事务，实行自我管理、自我教育以及自我服务的一项基本社会政治制度，只有广大村民能够在平等和理性的状态下依法行使自治权，才有可能实现农村基层民主政治的突破性发展。

综上所述，协商民主虽然是西方学术界在20世纪80年代以来在反思选举民主理论和实践的基础上逐渐兴起的一种民主理论，它缘起且深深植根于西方社会，但其倡导的平等、包容以及自由等价值诉求却与村民自治的民主内在精神有异曲同工之处，而这些相通之处的存在也使二者具有了相互融合的可能，同时如何使二者更好地结合起来为我国的基层民主政治服务也是一大难题之一，本书正是沿着这条思路逐渐展开后续研究的。

第二节　在村民自治中导入协商民主的可行性分析

一　理论的中国化

20世纪80年代在西方兴起的协商民主理论，不仅集聚了西方资本主义民主的文明成果，还传承了参与式民主的核心理念，并日益成为当代民主理论的显学。在不少协商民主理论支持者看来，协商民主既是当代民主理论研究的新转向，同时也是对传统民主范式的复兴与超越，甚至有人提出"民主的本质是协商而不是投票、利益聚合与宪法权利。民主走向协商，表明人们在持续关注民主的真实性"。虽然人们对协商民主的基本涵义还有很多争议，但无论从其内在价值、基本要素等规范层面来看，还是分析其实践领域中的种种模式以及产生的价值效应，都印证了人们对其寄托着难以磨灭的期盼与追求。

自协商民主兴起之日起，无论是被看作是对传统民主范式的复兴，还是被当作是一种超越传统的理论创新，它都在一定程度上表达了人们对协商民主的热切期盼。同时，也正因为此，它在关注度方面毫不逊色于以往的任何一种民主范式，甚至在世界政治范围内产生了较大的影响。诚然，民主的核心理念是普适的，而其本质内涵、运行模式却又是相对的、具体的。由于各国的历史背景、文化条件以及政治现状不同，与之相应的民主场景也就自然相异。始创于西方学术界的协商民主理论，自2003年传译至中国以来，就引起了国内学者的广泛响应与热切关注。通过阅读、著文以及出版，国内学者一方面致力于将协商民理论较为全面和系统地引介至中国，另一方面则是在译介西方关于协商民主理论的著作中，探究它的本质内涵、规范意义、实践价值以及未来趋向等。其中，国内学者更侧重于关注和研究的主要问题有，在中国现行的政治体制下，协商民主在规范与实践的双重价值方面会对中国产生什么样的影响？以西方文化为根基的协商民主理论，能否在我国找到适合其生存的土壤？

与协商民主理论出现的时间相仿，我国的改革开放也在20世纪80年代推行开来，并在经济、政治以及文化等方面产生了显著变化，取得了举世瞩目的成就。其中在政治体制方面产生的变化主要有基于意识形态发展基础之上的法治政府、服务政府以及责任政府等方面的改革和创新。在我国社会主义民主建设中，经过多年的建设和发展，产生了选举民主和协商民主两种社会主义民主的重要形式。其中的协商民主体现在我国社会主义实践的各个方面，如政治协商制度、听证制度、民主恳谈的对话机制等。除此之外，还有人们较为熟知的如"居民议事制度""党群议事会"以及"社区议事会"等。这些在基层民主政治实践中形成的制度规范与实践模式，虽然与西方意义上的协商民主还具有不小的差距，但它仍然可以在一定程度上体现出协商民主的某些特征，也可以称之为协商民主理论的中国化。

二 符合中国渐进式民主发展的总体趋势

中国自20世纪70年代末开始，就沿着一条渐进式政治改革的道路前行至今。值得欣慰的是，经过多年的渐进政治改革，中国在民主政治建设方面取得了令人瞩目的成效。与其它后发现代化国家相比，中国在长期以来形成的以政治稳定为主要价值目标的先决性认识，从根本上确保了中国的民主政治建设始终沿着一条既有利于改善民生、扩大民权，又不会对整个国家政治系统的良好运转构成威胁作用的正确路径展开。也正是基于这种稳妥的渐进式改革道路的经验，中国民主政治才得以建立了切实有效的纠偏机制，在很大程度上避免了中国民主政治陷入一种混乱和无序状态从而破坏政治稳定，在最大范围内巩固和确保了中国民主发展的积极成果。

何增科教授早在2004年就提出，中国政治体制改革的基本思路是在自由社会主义政治理念指导下建立混合民主政体，这种政体是将选举民主、自由民主以及协商民主三者相结合的一种政体形式；而它的具体路径则是自下而上地推进选举民主与自上而下地推进法治化民主进程相结合，同时努力地实现协商民主从大中城市的中间突破并实现向上向下延伸。由此得知，协商民主作为这种混合民主政体中的重要组成部分，它可以通过发挥大中城市的辐射作用，使这种方式最终可以在全国范围内产生较大的影响，继而使这种政体更具完整性与科学性。且从目前中国民主政治发展面临的现实条件来分析，中国民主政治发展选择从民主的具体程序与过程着眼更具有实际意义，而协商民主强调的则是决策的程序化、民主化以及科学化，并能在整个过程中使改革的阻力和成本大大降低，因此它不论从理论方面还是在实践方面都完全符合中国渐进式政治民主体制改革的总体趋势,有助于推进我国政治民主建设的总体进程。

三 有深厚的历史文化基础

从考察中国传统政治文化的过程中可以得知,"和"与"合"作为中国古代两个重要的哲学与政治概念,它们不仅在我国古代受到思想家和学者们的关注和弘扬,还在当代社会中经久不衰、表现出顽强的生命力,得到了当今学者们的大力追捧。其中针对中国的"和"思想与协商民主的内在联系,林尚立教授曾这样指出:"中国政治文化的核心价值之一是'和'。儒家推崇'和为贵',强调'君子和而不同',把'和'视为政治的最高境界,是国泰民安的基本表征。'和'的内在精神就是和谐而又不千篇一律,不同而又不相互冲突","尽管儒家的'和'建立在等级基础之上,而不是如现代协商民主所主张的以明确承认主体间的平等为前提,但是,儒家对利益主体多元共存和发展的强调,与现代民主政治的基本精神在某种程度上具有一定的契合性。因此,以'和'为归依的政治文化基础为政治协商的确立提供了良好的精神资源和文化背景。"[①] 对于林尚立教授的上述言论,笔者是非常认同的。

众所周知,我国古代思想家和学者们很早就提出了"和"的概念,用以形容社会内部治理有序、协调一致的一种状态。比如,在我国古代思想史上占有最重要地位的《易经》里曾提出"太和"的概念,并极力赞扬和推崇"和"的思想;而儒家经典《中庸》强调的是"和也者天下之达道也";孔子、孟子和老子也分别提出了"君子和而不同,小人同而不和""天时不如地利,地利不如人和"以及"万物负阴而抱阳,冲气以为和"的

[①] 林尚立:《协商政治:对中国民主政治发展的一种思考》,《学术月刊》2003年第4期。

观点。到了近代，康有为等人通过著书、立文以及演讲等方式，也表达了自己对中国"和"文化的赞扬与认同。其中，梁漱溟曾指出，"中国文化是以意欲自为调和持中，为其根本精神"。除此之外，英国声誉卓著、影响深远的哲学家罗素曾对中国传统文化作过大量深入的研究与考察，他以自己特有的睿智和洞察力，对中国的传统文化和文明作了深层的分析与透视，尤其对中国的"和"文化提出了自己的独到见解，"中国至高无上的华理品质中的一些东西，现代世界极为需要。这些品质中我认为和气是第一位的"，这些品质"若能够被全世界吸纳，地球上肯定有比现在更多的欢乐祥和"。而中国古代传统文化中的"和""合"观，对当代中国政治生活领域也产生了很大的影响。其中，共产党领导的多党合作和政治协商制度为协商民主在中国的应用提供了直接的制度架构和政治基础。

此外，我国的"和""合"思想历经多年的实践积累和文化传承，不仅在中华民族文化中占有重要地位，还逐渐内化为民族的共同政治心理结构。从理论上讲，一个国家如果形成共同的政治心理结构，它就会固化至民众群体的内心深处，并构成极大的稳定性，尽管存在变化的可能，但整个过程会比较艰难以至于很难实现。而美国知名政治学家阿尔蒙德曾提出，"政治文化的变化是比较缓慢的"。目前，中国乡村社会作为一种政治、经济以及文化共同体，一些传统政治文化心理如"仁义""礼治"和"邻里相让"等经过多年的文化传承已经深深渗透到广大农民的日常生活中，因而他们对协商性民主的选择性更强，并希望通过对村庄公共事务的参与，经过充分的沟通与对话，最终作出有利于村民集体利益的决策。同时，中国传统政治文化的这种"和合"思想，还体现了对社会内部多样性以及多元化的接纳与认同，既与现代民主政治所倡导的多样性、多元性，主张兼容并序、求同存异、平等开放以及协商对话等内在价值相吻合，也为中国能够借鉴协商民主理论为我所用提供了深厚的历史文化基础和丰富的精神资源。

四 可以有效回应中国农村社会多元利益格局的具体需求

改革开放以来，随着新农村建设的不断推进与农村市场经济的不断发展，我国农村社会环境发生了翻天覆地的变化，正处于由熟人社会向半熟人社会过渡的阶段。20世纪80年代末90年代初以来，我国农民由以往几乎全部都从事农业劳动、收入水平相对平均化的群众，逐步分化成为从事多种职业、收入差距明显的多个阶层，其中包括农业劳动者、个体劳动者、农村管理者乡镇企业管理者、农民工、私营企业主、工商户、雇工以及农村知识分子，这些阶层不仅有着相异的职业领域、价值取向以及政治态度，还对农村政治生活产生了不同的影响。与农村社会分化日益加剧同时进行的是，一些新的经济成分、社会组织与利益群体不断涌现，打破了过去农村社会单一的社会格局，使农村社会的利益关系和社会矛盾日益复杂化。由社会分化导致的阶层越多，则相应的利益诉求会更加多样化，产生社会矛盾和利益冲突的几率也会更高。同时，农村社会阶层分化加剧还会导致利益多元化格局的逐步形成。

由农村阶层分化引发的社会矛盾和利益冲突对当前的农村基层民主建设提出了更高的要求。如何引用一种机制来促使不同利益主体通过协商、对话与交流的方式，在彼此互动的过程中以寻求不同利益冲突间的平衡点，最终达成共识成了农村基层目前的难题之一。这种机制就能将农村不同利益群体的利益诉求进行有效的整合，并为这些利益主体享受平等的权利资源和互动平台提供最大可能性。而协商民主所倡导的平等、参与以及公共协商等内在精神与我国农村社会目前所需的这种机制相契合，它能使不同利益主体在博弈过程中形成较为统一的认知与观点，为实现公共利益最大化提供可能。

与农村社会多元利益格局相伴的是，农民的民主意识和价值观念也呈现出多样化的走向。改革开放以来，一些基层民主实践逐渐在广大农村地区涌现，并直接影响了农民的生产生活方式，体现民主制度的平等、参与与民主等价值观念也逐步渗入农民的日常生活中。同时，农民在社会主义市场经济的浪潮中也使自己的民主素质得到了进一步地提高，自主意识、平等意识以及权利意识的增强使农民的政治参与诉求变得比以往任何时候都要强烈，而协商民主恰好能有效回应这些需求，它的功能之一就是通过公共协商来化解不同利益主体间的矛盾与冲突，为这些不同利益主体提供博弈平台。此外，协商民主不仅能够容纳与接受农村社会的利益冲突与矛盾，还能为处理与解决这些矛盾与冲突提供有效的操作机制，使农村社会实现多元共存、互生互补成为现实。

五 有广阔的制度空间

农村基层民主政治发展不仅需要农村社会自身的内生基础，还与国家政权的大力推动与相应的制度安排息息相关。改革开放前，在人民公社的管理体制下，国家政权渗透到农村社会的各个方面，不仅严重挫伤了农民生活生产的积极性，还阻碍了农村地区的基层民主政治发展进程。在这种"强国家、弱社会"的不平衡局面下，农民自身的利益诉求得不到体现与重视，完全被国家垄断与控制。改革开放以后，以上的局面得到了根本改善，农民不仅在经济方面有了生产经营的自主权，还使自己的政治态度、思想观念得到了突破性提高。与此同时，执政党对国家与社会的关系也开始了根本性的调整，这使农村自治空间不断得到了扩大与提升。随着村民自治制度的广泛实施与推行，我国农村地区逐渐形成了乡政村治的社会格局。村民自治是广大农民群众直接行使自己的民主权利，依法办理自己的事务，实行自我管理、自我教育以及自我服务一项基本社会政治制度。从《村民委员会组织法》的规定来看，乡镇政府与村委会是指导与被指导的关系，而不是上下级的隶属关系。从本质上讲，虽然乡镇权力与村治权力是两种不同性质的权力，具有不同的属性，但二者却并不相互排斥甚至应该是合作的关系。这种特殊的关系为协商民主在农村社会的发展提供了空间和可能，而且通过建立协商民主机制也可以有效改善乡村关系中的体制性难题。2001年农村实行的税费改革制度，不仅减轻了农民长期以来的负担，还对于维护农村社会稳定、改善党群关系尤其是确立一种新型的乡村关系等方面产生了重大的意义。乡政村治的新型关系为国家与农村社会之间划分了非常明确的权力界限，同时也为如何处理乡镇与村庄的关系提供了制度基础。国家对农村地区实行行政放权的主要目的就是要给农村自治提供更大的自由空间，并以此实现国家与基层社会的良好互动，构建起一种既能有效发挥广大农民群众自主性和创造性，又能体现出国家对农村地区发展进行控制与协调的"强国家、强社会"的模式，进一步加快推进农村基层民主建设的进程。

因此，要想实现国家与农村社会之间的良性互动，切实维护广大农民群众的权益，有效整合农村社会的各种资源，必须在国家与农村社会之间构建起有效的协商民主机制。乡政村治新型关系的形成以及后税费时代国家与农村社会关系的进一步调整，为协商民主在农村地区的实行提供了制度空间。而如何在农村地区构建起可操作性强的协商民主机制，使农民群众能够有效地参与到公共事务的决策与管理活动中去，以实现公共决策可以真正体现农民群众的利益诉求是目前迫切需要解决的问题之一。

六 有扎实的实践基础

20世纪七八十年代以来，中国地方的民主实践形式发展迅猛，并将协商与对话的机制引入到基层民主实践之中，构成地方民主治理的重要内容之一。尤其是进入90年代以后，我国乡村社会协商民主作为协商民主理论的理论拓展和实践转向而引起人们的广泛关注，国内理论界亦形成了许多相异的观点与解释。比如，何包钢认为中国乡村协商民主是有限民主；陈家刚提出乡村协商民主属于参与式民主的类型；陈朋指出乡村协商民主是一种民主决策机制等。这些理论总结不仅为协商民主在中国乡村社会的应用奠定了理论基础，还为其实践模式提供了直接可借鉴的理论框架。

与此相应，目前在我国乡村地区涌现出许多具有代表性的协商民主实践模式，其中以浙江温岭松门镇的民主恳谈模式、余杭区的"自荐海选"模式、宁波象山县的"村民说事"模式以及河南邓州的"4+2工作法"模式最为典型。以上这些生动丰富且卓有成效的乡村协商民主实践模式，不仅使村民民意得到了充分的尊重和吸纳，进一步拓宽了村民制度化参与的渠道，还使协商民主在中国乡村地区的发展有了扎实的实践基础。

综上所述，本章重点讨论了将协商民主导入中国乡村社会的可行性，首先从分析二者之间存在的契合点入手，接着在理论基础、历史基础、制度基础以及实践基础等方面对将协商民主机制引入中国乡村地区的可行性进行了重点探讨，并得出了一系列相关结论。研究协商民主在中国乡村地区的可行性，其实是在回答协商民主在中国农村是否有适用性的问题。而一种理论能否为我所用，最重要的是看它与客观环境和客观条件是否符合。通过一系列的分析与考察，认为目前农村民主的发展已经显现出协商民主的某些特征与趋向，在中国乡村地区存在发展协商民主的适用性条件。

第四章 协商民主视角下村民自治的全景式呈现

第一节 协商民主视角下村民自治的主体分析

一 村民自治主体界定

（一）主体基础分析

村民自治在我国农村地区并不是偶然出现的事物，而是农村政治、经济与社会等各方面共同作用的结果，与此同时，它的产生与发展更是离不开广大农民群众这个主体基础。20世纪80年代以来，我国农民群众经过改革开放的洗礼，已经发生了翻天覆地的变化，尤其体现在思想层面即具备了更多的现代性。可以说，也正是因为农民群众产生了较之以往更明显的现代民主诉求，村民自治才得以在农村地区广泛开展起来。然而不可否认的是，在某些农村地区，村民自治却是作为一种外来事物被国家通过"自上而下"的方式强制推行的。无论是通过自发产生或强制推行中的哪种方式，村民自治都离不开农民群众这个主体基础，而对村民自治主体基础进行细致的分析，也正好构成了正确把握村民自治主体的重要前提条件。

从整个社会发展过程来看，一个国家只要进入到和平建设时期，那么它的基层民主就会开始自发地萌芽和成长，而我国的农村基层民主建设也可以很好地证明这条社会发展规律。可以说，我国广大农民群众的自主意识和民主能力的成长是相辅相成的过程，民主能力的提高可以强化自主意识的成长，而自主意识的成长也反过来可以促进民主能力的提高。正是在二者的共同影响下，村民自治才具备了在我国农村地区产生与发展的前提要素。同时，这种标志着从传统向现代转变的农村基层民主也正是历史上的中国农村地区最为忽视、也是最为需要的。

从20世纪50年代后期开始，人民公社作为我国社会主义政权在农村中的基层单位，几乎垄断了对农村社会各个方面的管理权，农民的衣食住行都在公社的严格控制之下，同时农村的规划与发展也被国家政权以及组织与管理人员所掌控，这不仅严重挫伤了农民群众生产生活的积极性，造成了农村经济的日益"过密化"（即没有发展的增长），还使农民的自主性得不到充分发挥，更谈不上民主意识和民主能力的提高了。20世纪80年代实行家庭联产承包责任制后，农村的产权关系发生了历史性的变革，无论是在经济方面还是在政治方面，农民都获得了更多的自由，可以自主独立地经营自己的生产和生活，并因此带来了农民自主性和现代性的增强，平等、自由与民主意识也随之产生。

在民主意识得到增强的同时，农民还在民主能力方面有了很大的提高，而这在很大程度上要依赖于农民在大量的民主实践之中积累的民主经验。早在新中国成立之初，我国农村地区就开始了广泛的基层民主实践，成立了包括调解委员会、治安保卫委员会等在内的农民协会组织。这些基层群众自治的新形式，不仅使农民在民主实践中积累了大量的民主经验，提高了自治需要的民主能力，还获得了在社会主义民主方面的基本知识和初步经验。虽然这些民主意识、民主能力并不是很成熟，也没有体现得那么强烈，但这种早期现代民主政治的启蒙却为后来的广大农民群众走向真正的民主产生了极其重要的影响。

(二) 主体概念界定

村民自治主体是指哪些人应该依法享有这种自治权，这种自治权是为哪些人依法设定的，即通过实行自治的方式为哪些人获取利益。关于村民自治主体概念的界定，目前学术界主要集中于以下三种观点：一是"村民委员会"主体说。这种观点认为村民委员会是村民自治的主体，因此它应该作为一种独立的权力—利益主体，对村庄的公共事物享有参与权与决策权，并能与其他利益主体在地位平等的基础上对相关利益问题进行谈判，从而保护村庄的合法权利不受侵犯①。二是"村民个体"主体说。持此种观点的学者认为村民自治的主体只能是独立的"村民个人"，因为权利只有落实到个人才有意义，而村也应该是基于人的组成而不是自治组织②。另外，还有学者认为村民自治权应该包括村民个体单独即可行使的权利和必须由集体共同行使的权利，而在由集体共同行使的自治权中，虽然村同个体无法通过个体权利单独决定任何自治事务，但并不能因此而否定村民个体是这些权利的主体③。三是"村民集体"主体说。在中国民政部负责村民自治相关工作的官员那里，村民自治的主体是指全体村民。而这个概念在一定程度上来看，也是贯彻国家意志的一种体现。

  在以上的三种论述中，看起来似乎无论哪种观点都有充足的理由可以证明其存在的合理性。然而，村民自治的主体到底应该是村民个人、全体村民还是村民委员会？对于这样的问题却只可以有一个答案，因此必须对其进行深入细致地考察，同时也只有这样才有可能寻找出真正的答案。从目前的理论界来看，支持第一、第三种观点的学者居多，他们大多认为只有村民自治主体是"村民集体"或"村民委员会"才能更合理地解决村民自治在发展过程中遇到的与基层政府对抗时产生的矛盾等现实问题，因为从本质上来讲，"全体村民"和"村民委员会"都是具有集合性质的实体，这在无形中会为村民自治主体在与其他政治力量进行博弈时增添更多取胜的砝码。从客观层面来讲，这两种观点都存在不妥之处，如果将村

---

① 程为敏：《关于村民自治主体性的若干思考》，《中国社会科学》2005 年第 3 期。
② 尤乐：《浅论村民自治的本位问题》，《法治论坛》2007 年第 2 期。
③ 刘颖：《论村民自治的主体》，《求索》2008 年第 6 期。

民委员会的权力等同于村民自治权,并预先将其定位为村民集体自治权的代表,这无疑会出现将村民自治权置于国家权力的控制与延伸之下的情况。受我国特殊国情的影响,目前学术界虽然对村民委员会是一个自治机构还是一个执行机构,或者是二者合二为一这些问题存在很大的争议,但可以肯定的是,如果将村民委员会作为村民自治的主体无疑是欠妥的。我国《宪法》第二条就明确地规定"中华人民共和国的一切权力属于人民",而能够更好地为农村地区的"草根民主"服务是《村民委员会组织法》立法的主要目的之一,这两部法律的出台也意味着任何政府(包括中央与地方)或受政府委托而执行公务的团体和公共组织都应该是通过自下而上而不是自上而下的方式建立起来的。因此,在对村民自治进行制度设计时必须遵循以下原则,即任何时候广大村民都有充分的权利去改变村民委员会的组织架构,而不能形成将村委会的权力定位于村民权利之上的局面。再者,如果将村民自治主体定位于村委会,这样会无形中增加将村委会的组织意志取代村民个人意志、村委会与村民之间关系失衡等现象的概率,继而对保护村民的自治权构成极大的威胁。同时,对"村民个人不能单独行使自治权,村民自治是一种集体的自治权"这样的论调本文也并不认同。不可否认,集体性确实是村民自治权最重要的特征之一,然而任何权力只有定位于个人才会产生实际意义。当村民自身的权利受到来自外部力量的侵犯,也许村委会会出面代之解决,但如果侵犯的主体是村委会本身呢,又有谁会出面保护村民个人的权利?如果村委会自身处理则会引发关于正义公平方面的质疑;如果是引入基层政府又会违背自治之原则。村民行使自治权的过程并不是村民个体权利的机械相加,不能因为村民自治集体性的特点而忽视村民的主体地位,如果是那样将会违背自治之实质。

通过以上的分析论述可以得知,村民自治的主体是可以行使自治权的村民个人,而村委会只能是作为村民授权的自治机关而存在,也只能这样才能真正体现自治之精神。

二 协商民主视角下村民自治主体特征分析

无论是从国内还是从世界范围的角度讲，农民群体对于民主政治发展的作用都可以说是至关重要，倘若没有农民的参与，民主政治发展是不可能实现的，更不用说实现整个社会现代化了。而在我国农村地区，由于长期受过去传统文化习惯的影响，"熟人社会""亲缘社会"的特征体现得较为突出，一些礼俗、人情等行为理念已经构成了农村地区固有内在秩序的基本要素，同时也成为了广大村民构建其行为预期的基本导向之一。这些道德理念在给农村地区带去传统文明的同时，也为当前村民行使自治权产生了一些束缚因素，使他们在参与民主政治生活时少了一些理性方面的态度和行为，这也为协商民主在村民自治中的植入构成了一定威胁。与普遍意义上的村民自治主体相比，协商民主视角下的村民自治主体显现出一些新的特征，比如他们应该具有理性态度下的自主性理念、批判性反思意识、较强的责任感和包容心以及适当的民主能力等。

（一）理性态度下的主体性理念

村民作为村民自治主体，倘若从协商民主的视角去分析，他们首先应该具备的是一种理性态度下的自主性理念，即要求主体能够在理性态度下进行自我决定和自我反思。倡导人性解放和个体自主不仅是自启蒙运动以来的主要口号，同时也是当今社会推进政治民主发展进程的先行性条件。就目前我国农村地区而言，在"亲缘社会""熟人社会"以及集体意识的共同影响下，广大村民在政治参与的过程中会容易受他人思想左右从而表现出一种异化的集体观念即无主体意识。如果把以上情境放在相对宏观的选举民主框架内，一定范围内的非主体意识对于民主结果的产生可控的话，那么将其放在相对微观的协商民主框架内，这种非主体理念给民主结果带为的影响将是不可估量的，因为无论是村民个体还是少数的非主体理念都可能直接作用于民主结果并产生重大影响。理性作为协商民主的实质性特征，同时还体现了对参与主体的内在要求。如果参与主体不在理性的状态下进行讨论与协商,那协商民主本身的意义也就不复存在。在整个协商过程中,发挥作用的应该是合理的建议与观点,而并非情绪化的发泄与诉求,参与主体应该能够在公开获取信息的基础上修改自己的观点,并接受来自其他主体对其观点的批判性审视。"公共协商结果的政治合法性不仅基于考虑所有人的需求和利益,而且还建立在利用公开审视过的理性指导协商这一事实基础之上。"①

要想将协商民主合理嵌入我国的村民自治制度中,村民自治主体就应该摆脱熟人社会亲缘意识以及集体观念等传统习惯对其的束缚,而将以事实和理性为基础、通过自我决定与自我反思的方式与其他主体进行自由和公开的对话与沟通,最终在相互尊重和妥协的过程中达成一致作为参与准则,也只有这样才能让村民真正行使自己的自主权,同时从根本上显现出村民自治制度的内在价值。

(二) 独立的公共责任意识

在整个政治参与过程中,主体对自己的言语或行为负责就是具有公共责任意识的表现。或者说,参与主体在参与公共权力运作的过程中,应该具有一种对权力运作过程和运作结果进行责任承担的意识,不仅了解自己的偏好,同时也了解其他主体的观点与看法,更知道那些维护公共利益的政策建议是来自各方的一致认同。因此,参与协商过程的主体应该承担着一系列的特定责任,包括提供理由并说服协商过程中其他参与主体的责任;对其他主体给出的理由与观点作出回应的责任以及根据协商过程中提出的各种观点与理由修正各种建议以实现共同理解与接受的责任等②。在我国当前的农村地区,受我国传统专制体制的影响,村民的顺从意识、搭便车心理体现得较为明显,在实施协商民主的过程中容易表现出沉默不

---

① 乔治·瓦德拉斯:《协商民主》,《马克思主义与现实》2004年第3期。
② 陈家刚:《协商民主与当代中国政治》,中国人民大学出版社2009年版,第27页。

言或随大流的现象，这样会导致协商民主流于形式，其优势也得不到有效发挥等情况的产生。在此种情形下，协商民主视角下的村民自治与普遍意义上的村民自治并无异处，农村基层民主政治发展势必会再次陷入困境之中。

因此，必须培养协商主体即村民独立的公共责任理念，使其在行使自治权的过程中，做到权责对应，即应以高度的公共责任感来实现自己的协商民主权利，为农村政治民主发展尽职尽责。

（三）多元之上的包容性和妥协性

在协商民主理论中，有学者认为，"人们在选择与自决、幸福与福利以及自我价值的实现等方面一定会表现出持续的差异性，在思考与实际生活相关的美德以及个人和政治参与的意义方面也存有广泛的，而且对于这些观点的宗教和哲学背景也存在深刻而持久的分歧"[①]。这一论断表明人们无论在价值理念、道德观念还是在行为方式等方面都不可能呈现高度一致的一面，取而代之的则是普遍的、深刻的和持久的冲突与异议。而对于这些异议、冲突与分歧，是没有固定的方式、路径以及实践形式使其能够趋向融合，只能通过参与主体保持动态的沟通、讨论与协商才能化解以实现最终认知上的统一。"就文化多元主义来说，多样性甚至促进公开利用理性，并使民主生活生气勃勃。但是，这只有当公民能够学会如何处理普遍的道德冲突——卢梭与其他激进民主主义者认为无法减轻的——情况下才是可能的。"将以上论断用于分析当前我国的农村地区也是成立的。

20世纪七八十年代以来，中国农民经历了深刻的社会变迁，分化出了包括农业劳动者、个体劳动者、农村管理者、乡镇企业管理者、农民工、私营企业主以及农村知识分子等多个阶层，这些阶层有着相异的职业领域、价值取向以及政治态度，这促使中国农村

---

① [美] 詹姆斯·博曼、威廉·雷吉：《协商民主：论理性与政治》，中央编译出版社2006年版，第305页。

社会形成了多元社会利益格局。与农村社会多元利益格局相生相伴的是，广大农民的民主意识和价值观念也呈现出多样化的趋向。在这种相对复杂的社会结构下，协商民主正好可以有效回应这些不同利益群体的需求，为进一步推动村民自治发展提供有力支持。然而，协商民主只是为解决村民自治困境提供了有效途径，在整个协商过程中参与主体即村民还应该发挥其应有的主体作用，做到可以有效地运用自身的文化资源，通过与他人沟通与协商的过程，鼓励具有不同社会地位和文化背景的个人或团体，表达不同的建议与观点，包容与理解来自不同的声音与多样性，甚至在为了维护与促进公共利益的情况下作出一定的妥协与让步，也只有这样协商民主方能显现出其具有的内在价值。

（四）较强的民主能力和话语能力

在协商民主理论者看来，自由且平等的主体只有积极参与整个协商过程，才能够在沟通、对话以及讨论的过程中，真实地陈述自身的偏好，认真地倾听其他主体的理由与观点，郑重地衡量与比较不同观念及其倾向，达成一致的认知，最终实现合法决策。在整个协商过程中，参与主体必须积极参与辩论和说服的过程。同时，对于面临的大部分公共问题来说，只有当绝大多数的普通公民能够真正表达其想法、热情甚至是力量时，才有可能在解决公共问题上取得一定进展。而这一系列的实现过程也对参与主体提出了较高的要求，即他们必须具备一定的民主能力和话语能力。如果参与主体缺乏这两种基本能力，那他们在协商过程中要么不能真正地吐露心声，把自己的利益要求掩藏起来；要么缺乏民主的判断能力，使协商民主的内在价值得不到充分体现。

就目前我国的农村地区来说，很多地区的村民自治制度得不到有效运转，和广大村民缺乏一定的民主能力和话语能力有着直接联系。公共精神在一定程度上的缺失会直接导致许多村民在面对如何行使选举权时无所适从，使得他们的选举具有了更多不自主的盲从性。长此以往，他们就会丧失一定的民主能力和话语能力，使自己的利益需求得不到真正体现。如果村民不具备一定的民主能力和话语能力，设计再完美的制度规范也只是徒有一个空壳罢了。村民自治作为改革开放后兴起的新事物，虽然萌生于广大村民之中，但不可否认的是，它也是建立在村民民主经验不足的基础之上。诚然，村民自治在历经三十几年的发展后，广大村民的民主意识和民主能力得到了一定的改善与提升，但在中国传统文化和专制政治体制的双重影响下，村民的"臣民意识""顺从意识"以及"盲从意识"等没有得到根本改观，使得村民的话语能力与民主能力长期得不到改善，而这与协商民主所提倡的平等、自由理念大相径庭。因此，培育广大村民的民主能力和话语能力，成为协商民主制度能否有效嵌入村民自治中的重要环节。

由此可见，协商民主作为一种新的民主理论模式，对话、沟通、交流与讨论等构成了其核心要素，同时在协商过程中应用这些方式也真正体现了协商民主的实质内涵。而将协商民主恰当地引入村民自治制度中，这对村民自治主体即村民提出了更高的要求即他们必须具备理性态度下的主体性理念、独立的公共责任意识、较强的包容性和妥协性以及一定的话语能力和民主能力。与选举民主保障村民的个人选择权不同，协商民主更多强调的是村民个人与其他人或组织之间的平等对话与讨论。而只有使广大村民具备了协商民主的意识与能力，才构成了将协商民主与村民自治进行很好结合的前提条件，从而使村民自治制度的运行朝着良好的方向发展。

第二节 协商民主视角下村民自治的客体分析

一 村民自治客体界定

从法律层面来讲，客体是指法律关系主体的权利和义务所指向的对象。而在前面部分已经作出过村民自治主体是村民个人的论述。因此，村民自治的客体是指在村民自治实践活动中村民个体的权利和义务所指向的对象。由我国的《村民委员会组织法》

第二条第二款判断，村级的公共事务与公益事业则是村民自治的客体。

如果说目前学术界对村民自治主体的界定尚存在不少争议的话，对村民自治客体的界定学者们的观点却基本统一，都认为村务即村民自治的客体。村务从字面意义来理解即指村级事务，包括村里的政治、经济、社会以及文化等领域里的各种事项。而村务如果按照性质不同可以划分为公益事业与公共事务，如果按具体内容不同又可以划分为行政事务、经济事务与社会事务等方面。其中的公益事业则特指村庄里的公共福利事业，公共事务则是涉及村民政治、经济与文化生活等方面的相关事务。行政事务、经济事务与社会事务是依据具体内容不同所做出的分类。例如，村民委员会协助乡镇政府完成的工作指标则属于行政事务的范畴，而与农村集体经济与农村公共服务相关的则分属于经济事务与社会事务。

二 协商民主视角下村民自治的客体特征分析

从本质上讲，村民自治客体是依托于其主体而存在的，没有主体对客体的能动反应，客体的存在也就没有实际意义。如前所述，对村民自治主体的界定是村民个人，如果将其放在协商民主视角下，村民自治主体也只是在其自身的素质、意识与能力等方面有提升的空间，而绝不能与协商主体相混淆。因为协商主体的范围要更广，其中包括参与协商民主过程的公民、非正式组织和正式组织即个人主体和集体主体①。从本质上讲，无论是普遍意义上还是协商民主视角下的村民自治主体，都只能是而且应该是村民个人，如果将集体主体的成分也加进去，无疑会使村民自治主体发生异化，不能突显出村民个人在村民自治实践过程中的主体地位。同协商民主

---

① 陈朋：《国家与社会全力互动下的乡村协商民主实践》，上海世纪出版集团2012年版，第263页。

视角下村民自治主体与协商主体的明显区别相似,协商民主视角下的村民自治客体也与协商客体存在相一致的地方,但也不尽相同。如前所述,普遍意义上的村民自治客体即村级事务,其中包括公益事业与公共事务两大方面。而如果将村民自治客体放在协商民主视域下对其进行检视的话,它虽然与协商客体的内容有交叉重叠的地方,但也显现出了一些新的特征。从有关学者对协商客体界定的定义来看,凡属于协商实践过程中的协商议题,如村政府预算安排、城镇建设预选项目、村财务管理、村庄整治以及村庄基础设施建设等都是协商客体的范畴。单从字面释义来看,很明显,协商客体的范畴要大于协商民主视角下村民自治客体的范畴,在前者剥离属于乡镇政府一级的相关公共事务外,才能与后者相等同。与普遍意义上的村民自治客体和协商客体相比,协商民主视角下的村民自治客体显现出了新的特征,尤其体现在协商议题更重公共性和实用性等方面。

(一) 协商议题更具公共性

从理论上讲,将协商民主方法引入村民自治制度中,不仅需要村民自治组织体系本身作出相应的调整与改变,更对村民自治组织体系中的各个政治角色有着相应的要求。村民作为村民自治组织体系中的重要政治角色,主体性理念、公共责任意识以及一定的民主能力等都是协商民主实践过程中的必要条件。否则,协商民主在我国农村地区的实践将无从展开,更谈不到推动村民自治实现可持续发展等方面了。村民在协商民主精神的内在要求下,不仅从自身素质、能力与意识等方面有了相应的提升,更对村级事务也即协商议题有了不同以往的选择。在公共责任意识的影响下,村民关心的村级事务往往与整个村庄的公共利益有关,通常会选择一些与村庄整体利益联系密切的事项作为开展协商民主实践的核心议题,而不再围绕自身利益作为其选择协商议题和参与协商过程的根本出发点。在这里引用温岭的一次村级民主恳谈实践为例进行说明。案例实况如下:在一次村级民主恳谈会中某次以"村庄通往镇中心的乡村公路修复问题"为议题的民主恳谈会中,村民们围绕是否要对乡村公路进行修复展开了热烈的讨论。从议题的主题可以明确看出,此次恳谈会的内容主要是以实现广大村民的集体利益为主要目标,涉及到与村民们日常生活联系密切的出行问题,这表明了村民们在协商民主实践中对协商议题的选择与过去发生了很大的变化,将协商议题是否具有公共性作为其首选因素。同时,除了协商议题的内容是与该村庄的公共利益有关以外,在整个协商过程中村民们也表现出极大的公共责任心。具体来讲,在此次恳谈会中如果做出对此乡村公路进行修复的决定的话,将会对村民平时的生产生活产生不小的影响,不仅会限制不少村民做生意的时间,还可能要求个别村民必须腾出其屋前或屋旁的些许基地。众所周知,在视土地如黄金的村庄,失去土地就意味着收益的减少甚至直接导致生活质量的下降。因此,不少人担心村民们可能不会作出这样有损于自身利益的让步。然而,在恳谈过程中村民们却并没有为个人利益而作出选择,恰好相反,在恳谈会刚开始他们就表明了自己支持修复公路的立场①。由此可见,在协商民主实践过程中,村民们不仅具有协商民主所要求的公共责任意识,在面对协商议题的选择时会以充分考虑到公共利益作为其关键因素,使协商议题的内容更具公共性质,而且在整个协商过程中会对个人利益与公共利益的取舍作出合理权衡,充分地意识到个人利益的实现是以公共利益的实现为前提条件的。

(二) 协商议题更具实用性

在我国农村地区的协商民主实践过程中,将村里的公共事物和公益事业作为村民自治客体,是不是可以将一切公共事务和公共事业、无论大小或者重要与否都会作为其协商议题呢?或许在卢梭那里可以找到答案。卢梭曾经说过,"我们不能想象人民无休止地开

---

① 陈朋:《国家与社会全力互动下的乡村协商民主实践》,上海世纪出版集团2012年版,第270页。

大会来讨论公共事务。"① 面对越来越复杂的民主政治生活,谁都不可能超越时空的限制而进行民主实践。换言之,任何民主实践活动的开展都与时空的限制联系紧密。因此,虽然参与权是公民的基本权利,但在现代政治生活中各种因素的制约和影响下,公民在行使自身参与权的过程中也不可能涉及到所有的公共事务,而只能选择少量的公共事务进行参与。同样,在村级的协商民主实践过程中,如果不根据公共事务的重要程度和紧迫程度对村务也即协商议题作出明确区分的话,可能会导致整个协商过程甚毫无效果可言,如此的协商实践活动也就没有多少实际意义了。根据以上论断,不禁会产生一个疑问:如何去选择进入协商议程的公共事务?而对此疑问的回答也是极其肯定,凡是能够进入协商议程的公共事务必须是实用的、重大的、紧迫的而且是事关整个村庄公共利益的。不少人曾以为,农村的协商民主实践就是可以把凡是涉及到村民利益的、无关乎大小甚至也与重要性无关的公共事务都通过协商、沟通或者交流的方式给予解决。事实上,这种观念不仅存在一定的理论问题,还与目前我国农村地区的现实情况不相符。从考察我国当前的农村协商民主实践模式中可以看出,凡是能够成为协商议题的,基本上都具有较强的实用性而且属于能够解决影响广大村民的重大公共利益问题,如修复道路、公共产品供给、基础设施建设以及干群关系等。

综上所述,村民自治主体即村民个人在经过一定的民主锻炼后,尤其是在协商民主实践的影响下,其民主意识与民主能力方面较以往发生了巨大的变化。而依托于其主体而存在的村民自治客体,也相应地发生了一定的改变。不同于普遍意义上的村民自治客体,协商民主视角下的村民自治客体显现出了公共性、实用性等特征,这些特征的突显在很大程度上能够促进整个协商过程的顺利开

---

① [法]让·雅克·卢梭著:《社会契约论》,何兆泽译,商务印书馆1982年版,第84页。

展，确保广大村民公共利益的真正实现。

第三节 协商民主视角下村民自治组织结构间的关系分析

一 村民自治组织结构简介

当前我国在农村地区广泛推行的村民自治制度具有非常丰富的内容，而要对这些内容进行深入地了解，就必须对承担村民自治功能的载体即村民自治组织有所探讨，否则会使后续的村民自治研究工作陷入困顿的局面。

根据我国现行村民委员会组织法的相关规定，村民自治的基本组织结构应该包括以下三个层次，其一是权力机构即由全体村民组成的村民会议、由村民代表组成的村民代表会议以及由全组村民构成的村民小组会议；其二是工作机构即由全体村民选举产生的村民委员会和由全组村民选举产生的村民小组；其三则是监督机构即由全体村民推选产生的村务监督委员会。

（一）权力结构

1. 村民会议

村民会议是村民自治组织体系中的最高权力机构、最高决策机关，由本村十八周岁以上的村民组成，涉及村民利益的重大公共事务必须经由村民会议的讨论决定方可办理，它是保障村民实现自治权的基本形式和权利基础。我国的村民委员会组织法不仅对村民会议作为村民自治最高决策机构给予了法律确认，还为村民自治权的有效行使提供了法律层面的保障。村民会议主要包括以下两种形式：第一，村民大会。即由本村年满十八周岁的全体村民参加的村民会议，这是村民会议的基本形式，也是最理想的形式。第二，户代表会议。即由各户代表参加的村民会议，它是在村民大会受特殊因素影响不能召开的情况下产生的带有补充性质的形式，也是一种不完整却能基本反映本村群众意见的形式，但它不具有普遍性，只有在全体村民不易召集的村庄才会采用。

其主要职权包括以下几个方面：第一，决策权。其中包括审议并通过本村关于经济与社会发展规则和年度工作计划，以及对涉及本村全体村民利益的重大事项的审议和决定；第二，选举权。包括通过村民选举产生村民委员会，对村民委员会成员进行撤换和补选；第三，创制权。村民会议根据国家相关法律法规的相关规定，对村民自治的自治章程进行制定、修改、讨论以及审议等；第四，监督权。村民会议有权监督村委会成员和其工作，有权监督并审查村级财务；第五，否决权。村民会议有权对村委会做出的任何不适当决定进行否决与变更。

2. 村民代表会议

村民代表会议是村民自治在实践过程中为有效应对村民会议因规模、区域分布以及农业生产特点等带来的不可操作性问题而产生和发展起来的，由村民委员会成员和村民代表组成，它是村民会议的代表机关，也是村民会议的重要补充形式。从制度性质上讲，村民代表会议不是也不应当在村民自治制度中具有普遍意义，因为它只是村民会议的重要补充形式，只有当村民会议确实因各种因素的制约而无法召开时，才能召开村民代表会议。因此，它只适合以下两种情形：其一，人口数量较多的村庄。此类型村庄由于人口数量较多，要想召集村民会议几乎是不现实的、难度太大，因此必须通过召开村民代表会议的方式来讨论与决定村内重大事务；其二，居住过于分散的村庄，由几个或者十几个的自然村构成且交通条件受限。该类村庄由于区域分布不均衡，村民居住地总体呈现出分散化的形态，而且在交通条件有限的影响下，村民们平时的出行大为不便，这些都无疑增加了召开村民大会的难度，也只能通过村民代表大会的方式来为村务重大事务作出决策。但从目前村民自治的实践过程来看，有些村庄虽然人口数量多、居住相对分散，但经济发展情况较高、交通十分便利，这些村庄也应该坚持召开村民会议以保障村民自治权的全面实现。

3. 村民小组会议

村民小组会议是村民小组的权力机构，是全组村民行使自治权、开展自治活动的基本组织形式。具体来讲，村民小组会议是由本组年满18周岁以上的村民构成，并由村民小组组长定期或者不定期地召集和主持。村民小组组长由村民小组会议推选。村民小组组长任期与村民委员会的任期相同，可以连选连任。其中，村民小组决定召开或者不召开的依据是本组村民的建议，如果本组中的多数村民建议召开，那么村民小组组长就应该及时召开，不得以其它任何理由拒绝或者故意拖延时间。而召开村民小组会议也有一定的条件，必须由本组18周岁以上村民的2/3以上，或者本组2/3以上的户代表参加，且对相关事项所作的决定也必须由到场人员的半数以上同意才算有效。

由村民小组会议讨论和决定的事项主要包括以下几大方面：第一，推选产生村民小组组长、村民代表以及村民选举委员会成员；第二，依法讨论属于村民小组的集体所有的土地、企业和其他财产的经营管理以及公益事项的办理。由村民小组会议作出的相关决议和决定，必须以书面或者口头的形式向村民委员会作出报告。村民小组会议作为最低一级的权力组织，是本组村民讨论本组内部公共事务的重要组织形式，它不仅直接关系到村民委员会成员的组成情况，还与保证村民自治活动的顺利开展关系密切。

（二）工作机构

1. 村民委员会

村民委员会的性质是建立在农村的基层群众性自治组织，不是国家基层政权组织，不是一级政府，也不是乡镇政府的派出机构。村民委员会作为村民自治的执行机构和工作机构，向村民会议、村民代表会议负责，其组成人员包括村委会主任、村委会副主任和其它村委委员，共有3至7人，由村民直接选举产生，每届任期3

年,可以连选连任。

从村民委员会组织法的相关条款规定来看,村民委员会的主要职能包括两大方面:其一,具有自治性质的职能。比如办理本村的公共事务和公益事业,调解民间纠纷、协助维护社会治安、组织与协调村经济工作、管理村里的集体财产、发展文化教育、开展精神文明活动以及保护和改善生态环境等。其二,具有执行国家法律政策的职能。比如村民委员会应当宣传宪法、法律、法规和国家的政策,教育和推动村民履行法律规定的义务、维护村民的合法权益。其三,具有行政性质的职能。根据《村民委员会组织法》规定,村民委员会应当协助乡、民族乡、镇的人民政府开展工作。由此可以判断,村民委员会还应该具备行政性质的职能,具体包括协助乡镇政府开展农民纳税、服兵役、计划生育、义务教育等工作。当然,对村民委员会行政职能的这种界定,也为一直以来在理论界争喋不休的关于到底应该怎样理顺乡村政府与村民委员会之间的关系或者二者之间的关系到底是存在逻辑方面的问题还是符合我国乡村地区的实际情况埋下了种子。在这里暂不对理论界的争议给予界定,但在村民自治的实践过程中,无论是将村民委员会看作乡镇政府的"派出机关"还是当成其"一条腿",把本不应该属于村委会负责的行政工作强加到村委会的头上,都是违背村民自治精神的不妥做法。

2. 村民小组

在实行村民自治制度的过程中,中国农村地区普遍应用了村组治理结构,即在公社化时期的生产大队的基础上设立了村民委员会,在原来的生产小队的基础上设立了村民小组。在我国现行的《村民委员会组织法》中对村民小组的相关规定不多,仅仅有四五条,并且对村民小组的具体职责也只是含糊带过,没有对其作出详尽的规定和说明。比如在《村民委员会组织法》第四章第二十五条规定,"村民代表应当向其推选户或者村民小组负责,接受村民监督"。相对第二十五条的简单规定,第二十八条对于村民小组的规定则相对明确与集中,比如"召开村民小组会议,应当有本村民小组十八周岁以上的村民三分之二以上,或者本村民小组三分之二以上的户的代表参加,所作决定应当经到会人员的过半数同意"。根据对《村民委员会组织法》的释义来看,村民小组在村民自治组织体系中处于最低层次,在村民自治实践过程中可以根据本村的实际需要作出设立或者不设立的决定,甚至其作用也可以通过其它组织来取代。

虽然作为村民自治组织体系中的最低一级、管辖范围有限,但村民小组作为连接村委会与村民之间的纽带,它不仅在增强村户联系、保障基层民主以及推进村级公共事务有效治理等方面发挥着重要的功能,更对村民自治制度建设本身起着不可低估的作用①。具体而言,它的主要职责包括:管理村民小组集体资产、落实和统筹乡里和村民的集资、发包土地、兴修水利、社区服务、发放国家补贴求助资金以及向村民委员会反映本组村民的要求、意见和建议等。

(三) 监督机构

2004年6月18日,浙江省武义县后陈村针对村干部违法乱纪现象,通过民主选举成立了全国第一个"村务监督委员会",开始实行村务监督委员会制度,这为实现村级民主管理提供了制度化的探索途径。在现行的村民委员会组织法第五章第三十二条对村务监督委员会也做了相应地规定。具体而言,村务监督委员会是在村党组织的领导下,通过村民代表会议选举产生,由主任、副主任和其它成员共3—7人组成,其中设主任1名、副主任2名。监委会可根据各村实际情况下设村务公开、财务、重点工程、治保安全、环境卫生等监督小组,组长一般由监委会成员担任。它的主要职能包括组织协调村民代表会议依法监督村民委员会执行党的路线、方针、政策和决议以及村经济社会事业发展的情况等。

---

① 程同顺、赵一玮:《村民自治体系中的村民小组研究》,《晋阳学刊》2010年第2期。

作为村民自治组织体系中唯一的监督机构，监委会不仅对保证村民自治中的民主监督环节发挥着重要作用，还对能否实现民主选举、民主决策和民主管理三大环节的有效运行有着直接影响。

二 协商民主视角下村民自治组织结构间的关系分析

村民自治作为 20 世纪 80 年代以来农村基层社会实现自我管理农村公共事务的一种新型治理方式，必须依托于一定的组织载体才能实现，也即村民行使其自治权是以村民自治中的各种组织作为基础保证，否则单靠村民个人对农村的公共事物进行决策与管理，不仅会增加治理成本，甚至可能会导致治理混乱现象的产生，这与村民自治精神的内在要求不相符，也不利于实现村民自治的可持续发展。因此，当前无论是在法律层面还是在实践层面，村民自治组织都已经构成了一个比较系统和完整的组织管理体系。如果按照组织性质对其进行划分的话，在村民自治组织体系中主要可以分为三大类即权力机构、工作机构以及监督机构。其中的权力机构包括村民会议与村民代表会议，工作机构包括村民委员会与村民小组，监督机构则是村务监督委员会，它们三者共同构成了村民自治组织体系的主体系统。那么，在村民自治组织体系中，各组织之间到底存在一种什么样的关系？这种关系的存在又会对村民自治发展有着怎样的影响？对这些问题的研究不仅会使村民自治的内部运行过程显现出更多的直观性与生动性，还会直接推动村民自治向健康有序的方向发展。具体而言，村民自治组织之间的关系存在以下特征：

第一，从制度设计的层面看，体现出相互独立又相互统一的关系。从村民自治组织体系中各组织的性质和职权来看，无论是作为权力机构的村民会议和村民代表会议，还是作为工作机构的村民委员会和村民小组或是作为监督机构的村务监督委员会，它们之间不仅存在横向面的分工合作与监督的独立关系，又体现出纵向面的高度统一的关系。村民会议作为村民自治体系中的最高权力机构，其地位的重要性是显而易见的。而作为其补充形式的村民代表会议，则在村民会议的授权下行使各项职权,二者之间存在一种代理与被代理的关系。村民小组作为最基层的权力组织,从法律层面上讲,它与村民会议、村民代表会议之间应该是监督与被监督、指导与被指导的关系。村民委员会作为负责处理村庄公共事务的日常性工作机构,与村民会议、村民代表会议在工作职能上的关系是决定与执行的关系,在权力地位上的关系则是上、下级之间的命令与服从的关系。这一点在村民委员会组织法相关条款的规定中体现得较为明显。作为村民自治组织体系中的监督机构,村务监督委员会的组成人员由村民代表会议民主选举产生,并向村民会议和村民代表会议负责。因此,从产生过程的角度看,村务监督委员会与村民会议、村民代表会议是产生与被产生的关系,而在权力地位关系上同村民委员会与村民会议、村民代表会议的关系一样,也是上下级之间的命令与服从的关系。最后,村民委员会与村务监督委员会之间则是监督与被监督的关系①。以上是对村民自治组织体系中各组织之间分工合作、互相独立但又相互影响的关系的集中体现。除了相互独立的关系以外,村民自治各组织之间还存在统一与融合的关系,即不管是工作机构、监督机构还是权力机构中的村民代表会议和村民小组会议都统一于村民会议这一最高决策机构之中,都是在村民会议的领导下开展各自工作。

第二,从实践层面看,体现出强工作机构、弱权力机构、弱监督机构或者强权力机构、弱工作机构、强监督机构两种关系。虽然从制度设计的层面看,村民自治体系中的各组织之间应该是一种较为协调与平衡的关系,当然也正是因为制度设计的合理性,才能使村民自治的实践活动无论经历发展期还是遭遇瓶颈期都得以开展下去,但在实践过程中各组织之间的关系却因为各地的实际情况不同,表现出了以下几种关系:其一,强工作机构、弱权力机构、弱

---

① 范思凯、邓泉国:《我国农村村民自治组织的结构与关系研究》,《农村发展》2012年第3期。

监督机构。即村委会在村民自治的整体运作中占据主导地位，而村民会议、村民代表会议以及村务监督委员会则居于次要地位，在实践中表现出形式化、表面化等特征。这种模式关系因不能充分发挥村民会议、村民代表会议的工作职能、不能对村委会工作实现有效的监督而使村民的自治权在很大程度上发生了异化。这种模式其实是村委会领导下的自治模式，也是中国传统行政主导型体制在农村地区的延伸①。其二，强权力机构、弱工作机构、强监督机构。即村民会议、村民代表会议以及村务监督委员会占据主导地位，而村民委员会在运作过程中的地位不明显。这种模式关系使村民委员会在决策机构和监督机构的双重制约下，只能作好自己的"本职工作"即执行村民会议和村民代表会议作做的决议和决议，负责处理好村里的日常性工作事务。从村民自治的产生渊源来分析，第二种模式关系才是村民自治组织体系中各组织之间的理想关系，因为村民自治的主体是村民个人，而并非村民委员会。从目前村民自治的实践过程来看，大部分村庄都属于第一种模式关系，而建立第二种模式关系的村庄为数不多，这也是导致目前村民自治发展面临诸多困境的根本原因。

如前所述，从普遍意义上的层面来分析村民自治各组织之间的关系，主要体现在制度设计方面的独立统一关系和实践方面的强工作机构、弱权力机构、弱监督机构以及强权力机构、弱工作机构、强监督机构的方面。而将协商民主理念引入村民自治制度中，村民自治中各组织之间的关系会表现出与普遍意义上村民自治各组织间关系什么样的不同特征？这种特征会对村民自治发展产生积极的影响么？毫无疑问，答案是极其肯定的。协商民主作为一种积极鼓励民众通过沟通、交流、讨论的方式实现公共参与的民主范式，也必须以一定的组织载体作为依托，而将协商民主引入村民自治中的村民会议、村民代表会议、村民委员会等核心平台，不仅会对村民自

---

① 韦少雄：《村民自治组织结构关系论析》，《河池学院学报》2013年第1期。

治的运作过程产生直接影响，还会使村民自治中各组织间的关系发生变化，更加突显出村民会议、村民代表会议以及村务监督委员会的主导地位，而使村民委员会这一工作机构的职能逐渐回归其"本位"即执行村民会议和村民代表会议的有关决议和决定，处理村里日常性的工作事务。具体而言，协商民主视角下的村民自治组织体系中的各组织关系主要体现为以下两大方面。

第一，分工有序、和谐统一的关系。

如前所言，村民自治组织体系中的各个组织都有自己明确的定位，在村民自治的运作过程中各自也都承担着不同的功能。正如政治学中的结构—功能理论分析的一样，政治体系是由一系列政治结构和政治结构中的角色构成的，而其中的政治结构又是由各种相互独立又彼此影响的角色组成，所有的政治结构都承担并发挥着相应的功能。村民自治可以被看作是一个由各种结构构成的政治体系，其中的每个结构都有着自己独特的功能[①]。就村民自治的制度设计而言，村民自治体系中的各组织之间应当是一种既相互独立、分工合作又相互统一的关系。但在村民自治的实践过程中，由于受各种现实因素的影响，这种关系间的平衡却被经常打破，甚至出现了相互推诿、代权侵权、职责不分的现象。将协商民主方法引入到村民自治制度建设中，会使村民自治体系中各组织间的关系朝着合理化、规范化的方向发展，形成分工有序、和谐统一的关系。从理论层面看，协商民主强调的是各参与主体在平等的前提下实现有序地政治参与，同时也正是因为这种强调任何一种政治决策都应该充分考虑到普通民众意愿的民主价值，才使协商民主能够引起理论界的广泛关注，正如爱尔兰学者梅维·库克所言，"甚至批评者也倾向于承认民主协商的自然魅力"[②]。要想使协商民主的这种民主价值

---

① 程同顺、赵一玮：《村民自治体系中的村民小组研究》，《晋阳学刊》2010 年第 2 期。

② 陈家刚：《协商民主》，人民出版社 2009 年版，第 89 页。

在村民自治中得到充分体现,就必须以实现对村里重大事项的决议和决定都经过广大村民的广泛讨论并尊重村民们提出的意见与建议为根本途径。但在村民自治的运作过程中,村民行使自治权是依托于一定的组织载体的,这也就意味着协商民主对村民自治体系中各组织内部以及它们之间的关系提出了更为具体化的要求。在开展村级协商民主实践活动的农村地区,如果其村民自治体系中的各组织之间出现相互推诿、职责不分的现象,那这样的协商民主实践活动也就会渐渐失去开展的动力,同时这也意味着协商民主理念并没有真正地引入到村民自治制度中去。因此,在协商民主视角下村民自治体系中各组织间应该形成一种分工有序、和谐统一的关系,而不能是彼此对立、相互推诿的关系。

第二,强权力机构、弱工作机构、强监督机构的关系。

如上所述,在我国当前的村民自治实践过程中,村民自治各组织间大致体现出强工作机构、弱权力机构、弱监督机构或者强权力机构、弱工作机构、强监督机构两种关系状态。根据村民自治的内在精神来看,第二种模式关系才是一种理想状态。因为村民自治的主体是村民个人,而并非村民委员会。客观而言,能将西方的协商民主方法合理引入到中国的村民自治制度中,并到如今产生出了许多具有代表性的村级协商民主实践模式,在很大程度上也是因为二者在内在精神上的这种契合。村民会议与村民代表会议不仅是村民自治组织体系中的最高权力机构,同时还是实现农村协商民主的重要核心平台。因此,在实现农村协商民主的实践过程中,必须突显出村民会议或村民代表会议的主导地位,合理搭建起以村民会议或村民代表会议为核心的协商平台,为村民实现制度化、规范化的政治参与提供有效渠道,只有这样才能保证协商民主实践在我国农村地区的顺利开展。村民委员会作为村民自治组织体系中的执行机构,是由全体村民选举产生,向村民会议负责并接受村民会议的监督。无论是从法律规定还是从其产生渊源来看,村民委员会只是也应当是村民通过村民会议的方式将管理村庄公共事务的权力委托给它行使的一种工作机构。而在协商民主强调村民个人通过讨论、协商的方式行使自身参与权的内在要求下，村民委员会在村民自治组织体系的运作过程中应该居于相对弱势的地位，并且其组织内部的工作过程应该紧紧围绕村民会议的各种决策而展开，充分体现出村民个人在村民自治中的主体地位和村民会议在村民自治组织体系中的主导地位。除了权力机构和工作机构，监督机构即村务监督委员会也在协商民主内在精神的要求下与其它组织之间表现出不同的关系特征。因为在农村协商民主实践的过程中，如何保证通过协商民主的方式作出的各种公共决策能够有效实施，如何保证这些决策的执行结果在最大程度上符合村民利益需求？这不仅直接关系到协商民主在农村地区的实践成效，还与村民自治建设本身联系紧密。如果作为村民自治组织体系中唯一的监督机构即村民监督委员会不能在村民自治运作过程中居于重要地位，那协商结果能否被有效执行或者能在多大程度上得到执行就难以保障，而之前关于决策的协商、讨论与沟通等一切努力也将毫无实际意义。因此，在协商民主视角下村民自治体系中各组织之间应该是一种强权力机构、弱工作机构以及强监督机构的关系，这种关系不仅能够大大提高农村协商民主实践的成效，还对推动村民自治的持续有效发展提供良好的组织基础。

综上所述，与普遍意义上的村民自治各组织关系相比，协商民主视角下的村民自治各组织关系表现出了不同的关系特征。在协商民主精神的内在要求下，村民自治各组织间应该突显出权力机构和监督机构的主导地位，而作为执行机构的村民委员会则应该处于相对弱势的地位。同时村民自治体系中的三种机构虽然分工不同、相互独立，但都应该统一于村民会议这一最高决策机构，并在彼此间体现出和谐统一的关系。

第四节　协商民主视角下村民自治与农村公权力的关系分析

村民自治自在我国农村地区产生并广泛开展以来，就避免不了与农村公权力即乡镇政权与农村基层党的领导权发生一定的关系，而深入研究这种关系，尤其是在协商民主视角下对其进行具体分析，不仅会对提升村民自治理论研究起到明显的推动作用，还对规范村民自治制度的运作程序、推动村民自治实现持续有效发展等方面产生重要的现实意义。

一　协商民主视角下村民自治与乡镇政权的关系分析

建立合理的乡村关系不仅是实现我国农村民主治理的重要途径，还是促进村民自治健康发展的有力举措。目前，在"乡政村治"的治理格局下，我国的农村管理体制便出现了两种彼此独立的权力体系：一是代表国家在乡镇地区行使行政管理权的乡镇政府；二是代表村民行使自治权的村民委员会。从理论上讲，这两种权力体系本应是一种彼此独立、互不影响的关系。然而，要想实现乡镇政府行政职能的有效履行和村民自治活动的顺利开展，二者就不可能不存在一定的关系，甚至在某种程度上可以说是联系密切。因此，为了规范二者之间的关系，国家在村民委员会组织法中作出了明确规定，指出乡镇政权与村民委员会之间并不存在行政上的上下级关系，而应当是一种指导与被指导、协助与被协助的关系，而对这种关系的设定也是出于对二者权力属性和地位的思考。具体而言，以上规定包含有两个层面的意思：其一，乡镇政府对村民委员会在属于村民自治所管范围内的工作事项应当是指导的关系；其二，村民委员会对乡镇政府所下达的行政工作应当是协助的关系。而从应然层面即制度设计目标方面来讲，乡镇政权与村民委员会之间是一种民主合作、和谐共进的关系。然而在目前村民自治的实践过程中，在二者之间真正构建起这种关系模式的村庄并不多，大部分地区表现出的关系模式都与当初的制度设计初衷有着较大差距，当然这也正是会引发当前理论界对这一问题持热切关注状态的根本原因所在。

根据村民委员会对村级公共事务行使自治权的实现程度与协助当地乡镇政府开展工作的情况，可以将乡镇政权与村民委员会之间的关系归结为合作型乡村关系、支配型乡村关系以及放任型乡村关系三种类型。其中的合作型乡村关系是指乡镇政府与村民委员会都能够在各自职责范围内合理开展自己的工作，村民委员会不仅可以自主地处理村级事务而且能够积极地协助乡镇政府完成行政工作，乡镇政府只是在村民自治建设中发挥协调、组织与指导的作用，并积极帮助村委会开展经济工作、推动农村社会各项事务的全面进步。支配型乡村关系则是指乡镇政府把村民委员会当作自己的下属或派出机构，以行政命令的方式对其下达行政任务，并过多地干涉本属于村民自治范围的工作，此种关系可以被视作为人民公社管理体制的一种延续。而放任型乡村关系则正好与支配型乡村关系相反，乡镇政府对村民委员会的工作视而不见，更没有对其进行相应的指导、支持与帮助，同时村民委员会在村级事务管理方面拥有过高的自主权，也不能很好地协助乡镇政府完成行政任务[①]。很明显，第一种乡村关系应该是一种理想状态，也是最为人期望的。然而从现实情况来看，真正建立起第一种关系模式的村庄却并不多，反而第二种、第三种模式关系比较普遍。然而，这两种关系模式的建立要么会削弱和制约村委会自治权力的行使，阻碍村民利益的实现；要么会使村委会的自治权力过分放大，保持过高的自主权，不能很好地配合完成乡镇政府的工作，使乡镇政府工作陷入一种无序状态。因此，如何规范和协调当前的乡村关系，仍然是研究村民自治工作中的重要议题之一。

如前所述，在应然层面，乡镇政权与村民委员会的关系应该是指导与被指导、协助与被协助的关系，但从村民自治的实践过程来看，却形成合作型、支配型、放任型三种关系模式，而后两种尤其是第二种关系模式在我国农村地区的普遍存在也引发出了农村基层治理的诸多问题。那么，将乡镇政权与村民委员会的关系放在协商

---

① 徐大兵、张文芳：《村民自治背景下乡镇政府与村民委员会的关系》，《华中农业大学学报》（社会科学版）2006年第5期。

民主视角下进行分析的话，又会表现出怎样的关系特征？是否与应然层面的乡村关系相一致呢？以下部分将会对其进行逐一分析。

在协商民主视角下分析乡镇政权与村民委员会的关系，也即从协商民主的本质内涵和内在精神出发去界定和衡量二者之间到底应该存在一种什么样的关系特征。从本质上讲，协商民主作为一种民主体制，旨在强调基于理性的参与，强调政治决策过程应该充分考虑普通公民的意见、建议，而这种决策也应当是在公共利益的诉求下，在参与者达成共识的基础上形成的[①]。由此可以判断，协商民主的根本目标是促进公共决策的合法性，而实现这一目标的有效途径则是公民通过协商、沟通与讨论的方式，对彼此的意见和建议进行深入交流，并最终达成共识，进而使做的公共决策真正符合民众意愿。要想将协商民主方法合理地应用到我国村民自治制度中，使通过协商方式产生的公共决策具有合理性和合法性，这不仅要求村民个人应当具备一定的民主协商能力，还对与村民自治建设相关的村民委员会与乡镇政权之间的关系提出了相应的要求。村民委员会作为代表村民行使自治权的组织机构，如果在开展工作的过程中脱离了乡镇政府给予的指导与帮助，过分突显出其处理村级事务时的自主权，并对乡镇政府下达的行政任务置之不理，这不仅会导致村民委员会与乡镇政权之间关系的异化，还会在无形中使村民通过村民会议、村民议事会等协商平台所作出的公共决策不能有效执行，导致农村地区的协商民主实践活动失去其开展的动力。同样，乡镇政府作为国家最基层的行政机构，如果过分干涉属于村委会工作范围内的公共事务，并将过多的行政任务压在村委会身上，就会导致村委会不能真正代表村民行使自治权，而村民们通过协商方式作出的公共决策也不会得到真正落实和执行，如此的乡村关系不仅会使协商民主在村民自治的实践中不能很好地体现出其内在价值，更会

---

① 陈家刚：《协商民主与当代中国政治》，中国人民大学出版社2009年版，第88页。

阻碍农村协商民主实践的有序进行。因此，在协商民主视角下乡镇政权与村民委员会之间应该是民主合作、和谐共进的关系，此种关系模式与前面部分提到的合作型乡村关系模式特征相一致。而这种合作型的乡村关系模式不仅是村民自治背景下二者关系的理想状态，也是协商民主视角下二者该有的关系模式。民主合作、和谐共进的乡村关系意在强调乡镇政府与村民委员会之间应该通过民主合作的方式来提高彼此的工作效能，最终实现和谐共进的根本目标。当然，这样的关系模式也对乡镇政府与村民委员会的相关工作提出了具体要求。对于村民委员会而言，它不仅应该能够自主地处理村里的公共事务，并对通过协商方式产生的公共决策可以得到有效执行，还应当积极地配合乡镇政府开展工作，使其能够顺利地推行国家在农村地区的相关政策。对于乡镇政府而言，它应当积极支持与帮助村委会开展自治工作，不干涉属于村民自治范围内的工作事项，推动农村各项事业的全面进步。

只有在乡镇政权与村民委员会之间真正建立了民主合作、和谐共进的乡村关系，才能使协商民主价值在村民自治制度中得到真正体现，否则无论村民们具备了多高的协商民主能力、村民会议、村民议事会等为协商民主实践提供多有效的协商平台或者通过协商方式作出的公共决策有多符合村民意愿，都会在二者关系异化的情况下失去在农村地区开展协商民主实践的现实基础，进而阻碍村民自治建设的发展进程。

二　协商民主视角下村民自治与党的领导权的关系分析

自我国农村地区实行村民自治制度以来，就出现了村民自治与农村公权力关系的问题。其中的农村公权力除了乡镇政权以外，还包括农村基层党组织的领导权。而村民委员会与农村基层党组织的关系一直以来都是村民自治中比较棘手的问题之一，对二者关系进行深入研究无论对于村民自治的理论研究还是实践操作都有着十分重要的现实意义。

村民委员会与村党组织作为具有不同性质的两个组织，应当是处于不同层面的、相互独立的权力主体。村党组织是指村党支部，它是党在农村地区的基层组织，不仅承担着对农村地区政治领导、思想领导与组织领导的职责，代表党在农村地区贯彻执行党的路线、方针与政策，还是党在农村地区全部工作的基础。而村民委员会则是代表村民行使自治权的群众性基层自治组织，其根本作用是实现村民的自我管理、自我教育与自我服务。从相关法律规定和现行的制度框架来看，村党支部与村民委员会之间应该是领导与被领导的关系，而对这种关系的设定也是出于对双方性质和地位的全面考虑。具体而言，二者的关系应该体现在以下两个方面：其一，村党支部对村民委员会具有领导权。村民自治的实践活动必须在党的领导下开展，而确保党的领导也是实现村民自治可持续发展的有效保障。其二，村党支部不直接管理村委会事务，只是对村委会工作的开展提供支持和保障作用。实现村党支部对村委会的领导并不意味着党支部必须对村委会的具体工作逐一过问，而是要依法支持和保障村委会工作的顺利开展，从根本上保证广大村民自治权的真正实现。然而，在村民自治的实践过程中，很多农村地区的村党支部与村委会之间的关系却比较混乱，主要有不认同型、不支持型以及公开抗争型三种类型。这三种类型不仅可以涵盖了全国农村地区反映出来的二者关系的基本概况，还说明二者之间在更深层内隐含着较大的冲突与矛盾，而如何解决这些冲突与矛盾，使二者建立起协调统一的关系，则是应当引起人们关注的重要问题之一。

从相关法律规定和制度设计框架来看，村民委员会与村党支部之间应当是一种领导与被领导的关系，村民委员会在党支部的领导下开展活动，而党支部应该依法支持和保障村民委员会工作的顺利进行。如果从协商民主的视角出发去界定和衡量二者的关系，则会展现出不同的关系特征。

将协商民主方法嵌入我国的村民自治制度中，其根本目标是将广大村民的意见与建议真正吸收到公共决策中去，使广大村民的自治权得到真正体现。因此,在农村协商民主的大背景下,无论是村民自治内部的各个组织,还是代表国家政权的乡镇政府甚至于代表党的意志的村党支部都应该将这一根本目标贯穿于日常的工作过程中去,为协商民主与村民自治的结合提供现实支撑。而在协商民主渗入村民自治运作过程的前提下,村民委员会与村党支部之间应该是一种什么样的关系呢?仅仅是制度设计中的领导与被领导的关系么?如果答案是肯定的,那这种关系会不会降低村民委员会在处理村级事务时的自主性从而导致村民们通过协商作出的公共决策不能有效执行呢?从目前村民自治的实际运行情况来看,如果二者之间只是领导与被领导的关系,就很容易导致村党支书成为实际的决策主体,包办甚至代替村民委员会作出决策现象的产生。在这种情况下,村民委员会只是作为名义上村民会议的执行机构而存在,而党支部却成为事实上村民会议的执行机构,这不仅会使协商民主的理念很难在农村地区扎根,还会使村民自治的民主价值难以体现。在协商理念引入我国农村地区后,村民能够通过协商的渠道真正参与到村级公共事务的决策、管理和监督中来,这就要求村党支部不断创新和改善其领导方式,调整与村民委员会之间的关系,使二者关系在协商理念的引领下朝着互补共进、协调一致的方向转变,同时也只有这样才能使党的领导地位在村民自治中更加坚固,村民自治在党的领导下将会更加生动有效。因此,从上述分析来看,如果从协商民主的内在精神和具体原则出发去界定村民委员会与村党支部的关系,二者应该是在坚持党的领导的前提下,呈现出一种互补共进、协调一致的关系,而不应该是以往的控制与被控制、领导与被领导的关系。在农村协商民主实践活动开展得如火如荼的今天,调整与改善村民委员会与村党支部的关系势在必行,如果还停留在过去的关系模式中,不仅会使协商民主与村民自治的结合呈现"空壳化"状态,阻碍农村协商民主的建设进程,还会使村民自治的发展陷入诸多困境。

研究村民自治与农村公权力之间的关系,尤其是将其放在协商民主的视角下进行分析，不仅对促进当前的农村协商民主实践具有积极的现实作用，还对村民自治建设本身产生重要意义。通过前面分析可知，西方的协商民主理念在农村地区渗入以后，村民委员会与乡镇政权、村党支部之间应该呈现出与以往不同的关系状态。从总体来看，它们之间应该建立一种相互促进、协调统一以及民主合作的关系，而不是彼此对立、相互排斥和此消彼长的关系。在建立了这种和谐共进关系的前提条件下，相信协商民主理念与村民自治制度一定能够实现有机融合，而二者的有效结合也为解决当前村民自治的发展困境提供了新的视角与方法，会从根本上推动农村基层民主政治的建设进程。

第五节　协商民主视角下村民自治的价值分析

村民自治作为具有中国特色的基层民主制度，为实现广大农民的民主权利提供了有力保障。经过 30 多年的实践发展，已经充分彰显出它具有强大生命力的特性。然而在实际运行中村民自治仍然存在制度性与非制度性方面的现实困境，需要从多方面对其进行补充与完善。通过梳理和分析村民自治在发展历程中产生的价值意义，对今后村民自治的发展方向具有前瞻性意义。而协商民主作为一种新兴的民主范式，它与村民自治制度不仅存在某些价值方面的契合性，而且在将其嵌入村民自治的运作过程中后，也将会对村民自治本身的价值功能产生一定的影响，并表现出一些与普遍意义上村民自治的价值功能不同的特征。

对村民自治进行价值分析，不能仅仅提取某一个横断面加以剖析，而应当从梳理整个村民自治发展历程出发去探究其价值所在。从村民自治的产生渊源来看，它首先是为了应对农村社会的治理危机而出现的。在当时人民公社解体的情况下，由于国家未能建立起有效的整合机制，整个农村地区基本上处于一种无序状态，而农村社会自身又缺乏建立这种整合机制的能力，因此寻求一种符合农村

第四章 协商民主视角下村民自治的全景式呈现

地区实际情况的新的治理体制就成为当时极为迫切的现实需要。随后进行的农村改革在改变了农村经济面貌的同时，也为农民民主诉求的增长奠定了良好的现实基础，而村民自治正是在这种国家与农民双重作用的推动下应运而生。从以上分析可以看出，在村民自治产生过程中，它的价值经历了从治理工具、整合功能到民主路径的嬗变。而从村民自治的整个发展历程来看，它的价值功能却经历了与其产生过程的价值嬗变相反的路径。从萌芽初创、全面推广到深入发展，村民自治的发展历程呈现了一条鲜明的发展主线，与此相对应，它的价值功能也发生了一系列变化。自村民自治制度在全国范围内普遍推行后，一些现代民主理念被引入到传统思想浓厚的农村地区，唤醒了广大农民对自身权利的认知与维护，为实现农村基层民主发展提供了思想条件，同时也使其民主价值成了这一阶段村民自治的主导价值。随着村民自治的深入发展，一些冲突与矛盾逐渐显现，由于缺乏有效的利益整合机制和权力监督机制，导致农村地区出现了一定程度上的治理危机。此时，村民自治作为应对农村治理危机的一种手段，通过不断调整自身的运作规范以改善农村地区的发展困境，这时村民自治价值中的治理功能又提升到主导地位，使村民自治的价值回归到其"本真"状态即作为一种治理工具而存在。从产生初始的谨慎推广至如今的深入发展，村民自治的主导价值也随着其发展轨迹发生着变化，但无论经历怎样的嬗变，都以治理功能与民主路径两大价值的交替突显为主线。当然，如果从村民自治对农村社会产生的影响来看，它的价值功能又会在社会、政治以及法律等多个维度得以体现，其中的社会价值主要在于它的社会整合功能，政治价值在于它的民主效能，法律价值则体现于秩序、自由与正义等层面[1]。

如前所言，如果提取村民自治的产生过程和发展历程作为研究

---

[1] 胡伟、程亚萍：《村民自治价值的三个维度》，《云南社会科学》2006年第5期。

对象的话，它的价值功能则主要体现在治理和民主两大方面，但若从村民自治对农村社会产生的影响来看，它的价值又体现在社会、政治以及法律等多方面。而从协商民主的视角去审视村民自治的价值功能，会表现出什么样的不同特征？在下面部分将会对其展开论述。

第一，实现了从形式民主向实质民主的转变。

村民自治中的民主价值从来都是具体的，而不是抽象的。而无论是形式上的民主，还是实质意义上的民主，都无不体现出农民对实现自身权利的渴望与期许①。任何制度设计都有一定的价值目标，村民自治也一样。目前，村民自治受选举民主内在阙如的制约和影响，村民们的真实意愿在多大程度上能够被吸收到村民自治的整个运作过程中，始终是一个未解之谜。而协商民主机制在村民自治制度中的引入，可以从根本上改变村民自治发展过程中的这种"民主假象"，使民主的本质得以真正体现。协商民主理念与村民自治制度的有机结合，可以将广大村民的真实意愿体现在村民自治的整个运作过程，从而实现了村民自治从形式民主向实质民主的转变。

第二，提升了农村治理模式的效能。

从价值功能的视角出发，村民自治不仅是一种有效的民主路径，还使农村治理模式发生了前所未有的转变。自村民自治制度产生并实施以来，我国农村地区的治理模式逐步趋向合理化与规范化，这不仅在很大程度上消解了过去旧管理体制遗留下来的诸多矛盾与问题，还为农村社会的发展开辟了新的路径。然而，在肯定其成绩的同时，也不得不面对因村民自治实践效果不佳而带来的一些现实困境。在村民自治的制度框架下，农村基层的治理结构呈现了三个特征：其一是国家行政权力结构，也即乡镇政权

---

① 李景峰、鲁秀娥：《村民自治价值论析》，《长春理工大学学报》（社会科学版）2008年第3期。

对于农村社会的管理；其二是社会权力自治结构，也即村民自治组织体系，包括村民会议、村民代表会议以及村民委员会等各组织；其三是基层党组织即村党支部对于农村社会的领导与管理。以上三种不同的治理结构既有着实现农村社会全面发展的共同价值目标，也有着其内部运行机制、主体特征等方面的根本差异。在村民自治的实践过程中，三种治理结构产生冲突与矛盾的现象较为明显，这些不协调因素对实现村民自治的可持续发展构成了威胁。而协商民主强调的是各主体以平等理念和公共责任意识为基础，通过协商方式达成共识。虽然在协商过程中各主体都有各自不同的意见与观点，但以追求公共利益为最终导向的价值引领下，不同的主体会从观点分歧转向意见统一，并最终作出对各方都有利的公共决策。因此，通过在村民自治制度中引入协商民主机制，可以培育各主体的公共责任意识和平等理念，消除因传统的官本位色彩带来的消极影响，使各主体在处理农村公共事务时采取协商与沟通的"柔和"方式，增进彼此间的和谐与统一，最终从根本上提升农村治理模式的效能。诚如有的学者所言，"协商合作的治理模式不仅可以使政府以指导代替领导，协助民间建立自我服务与提高治理能力，还可以从中塑造'伙伴文化'、相对责任的互动伦理观，面对社会风险集体分担的认知与意愿，实现公民与政府间的和谐运转，巩固和提高公民对政府的信任程度。"[①]

第三，推动了农村社会的法治化建设进程。

从本质上说，民主之所以成为如今世界历史的发展潮流和人类政治文明进步的方向，在很大程度上是因为在其中植入了法治的要素。正如俞可平教授所言，"没有法治的民主是残缺的民主"。村民自治作为具有中国特色的一项基本社会政治制度，法

[①] 李砚忠：《以"合作式治理"提高和谐社会建设中的政府信任》，《科学社会主义》2007 年第 2 期。

治属于其内在价值中的重要内容。从应然层面进行分析，村民自治的运作过程遵循着明确的制度安排与程序规范，这不仅保障了村民在行使自治权过程中的法治化路径，还使村民在实践过程中对制度化参与有所认知与了解，逐步培育了村民的法治观念，规范了村民的法治行为，为在农村地区形成良好的法治氛围打下了基础。然而从实然层面进行分析，却似乎呈现出另外一番景象。因村民自治在实践过程中的制度运作不规范，部分农村地区出现了与法治精神相违背的"民主乱象"，这不仅使村民自治的制度规范难以有效贯穿于其实践过程中，还从根本上背离了村民自治的内在法治精神。而协商民主作为一种有着明确程序规则的民主范式，它的规范功能对于提升村民自治的法治价值具有十分明显的作用，一方面可以通过协商民主机制在村民自治制度中的嵌入，使农村公共事务的决策通过协商的方式得以有效实现，从而进一步保证公共决策过程中的规范化操作；另一方面随着农村协商民主实践活动的深入开展，由平等、包容以及理性等观念激发出来的协商精神，使广大村民对村民自治中的协商运作程序形成一种习惯并逐步认同其内部规则，进一步培育和激发了村民们的法治意识，从而在广大农村地区形成一种良好的法治氛围，为村民自治的有序发展奠定了良好的现实基础。

由此可见，通过协商民主机制在村民自治制度中的有效嵌入，不仅可以从根本上提升村民自治的运作效能，还可以有效消解村民自治在实际运作过程中的价值背离现象，缩减村民自治的制度实践与价值目标之间形成的巨大张力，为实现村民自治的持续有效发展提供切实有效的途径。

综上所述，与普遍意义上的村民自治相比，协商民主视角下的村民自治显现出了其特殊性，并分别体现在村民自治的主体特征、村民自治的客体特征、村民自治组织结构中的权力关系以及村民自治的价值功能几大方面。通过对以上几大部分的系统考察，本书得以向人们清晰地勾勒出协商民主视角下村民自治的全景图。将协商民主方法引入村民自治制度中,可以使广大村民通过协商方式作出的公共决策更具合法性,这对提升村民自治运作效能和内在价值有着明显的积极意义。

第五章　中国乡村协商民主实践的几种代表模式及其特点总结

目前，协商民主作为实现村民自治可持续发展的一种有效形式和路径，已经在我国乡村的基层民主实践中取得了较为显著的成绩，并形成了多种各具特色的模式。比如，温岭松门镇的民主恳谈模式；河南邓州的"4+2工作法"模式、余杭区的"自荐海选"模式；宁波象山县的"村民说事"模式等。这些生动丰富且卓有成效的实践模式，不仅使村民的真实民意得到了充分的尊重和吸纳，进一步拓宽了村民制度化参与的渠道，还为实现村民自治的可持续发展提供了可资借鉴的理论成果和实践经验。同时，这些乡村民主实践所体现出来的现实价值也为优化当前的乡村治理格局起着积极作用。

第一节　浙江温岭的民主恳谈模式

一　温岭概况

要想对浙江温岭的"民主恳谈"模式有较为深入的认知，必须首先对其发生地的基本概况有所基本了解。浙江省温岭市是浙江省台州市所辖县级市，陆域面积926平方公里，海域面积1079平方公里，大小岛屿170个，海岸线长317公里；下辖5个街道11个镇，97个社区（居）委会，830个行政村，户籍人口120多万人（截至2013年年末）。

第五章 中国乡村协商民主实践的几种代表模式及其特点总结

改革开放以来特别是近几年来，温岭经济社会实现了持续快速协调发展，形成了体制灵活、市场活跃、民资丰厚等鲜明的区域经济发展特色，先后获得诸多荣誉称号。2014年，全市实现生产总值802.22亿元，增长7.6%；财政总收入87.71亿元，增长11.6%，其中地方财政收入47.84亿元，增长9.1%；；城镇居民人均可支配收入41225元，农民人均纯收入21786元，分别增长8.5%和10.7%。其中，在工业经济方面，2014年全市规模工业增加值153.27亿元，比上年增长8.4%。规模以上（2000万元及以上）工业企业960家，总产值741.8亿元；其中工业总产值超亿元企业160家，比上年净增5家；其中5亿—10亿元企业11家，10亿元以上企业6家。而向来作为浙江省粮、鱼重点产地之一，以鱼米之乡著称的温岭在农业经济方面也呈迅猛发展之势，其规模和品牌农业发展被列为全省农业三大亮点之一，全市形成了西瓜、果蔗、大棚葡萄、草鸡等六大优势农业产业带，为"中国果蔬之乡""中国西瓜之乡""中国葡萄之乡""中国高橙之乡"，其中的"玉麟"西瓜还荣获中国名牌农产品称号。全市已培育发展农业专业合作社653家，其中国家级示范性12家，省级示范性23家，台州市级强社27家，本市级规范化合作社121家。发展家庭农场302家，股份合作农场8家。拥有农业龙头企业126家，年产值超百亿元；"走出去"发展的农业生产基地40多万亩，年产值20多亿元。全市土地流转面积达24.8万亩，流转率达59.6%，土地流出农户11.6万户，占承包农户数的44%；全市整村流转的村有27个村，土地规模经营面积达15万亩，占土地经营面积的35.7%。

此外，温岭市的新农村建设也开展得如火如荼，取得了显著成效，截至目前共完成创建3个美丽乡村建设先进乡镇、8个精品村、3条精品线路。2015年启动的3个美丽乡村建设先进乡镇、2条精品线路、6个精品村、8条重点线路都已通过规划方案设计启动建设，完成阶段性进度任务；15个示范村、13个整治达标村菜单项目创建项目也已完成。同时,温岭市的各项社会事业也实现了全面发展,先后荣获全国体育先进县市、省教育强市、省卫生强市、省级文化先进市等称号,被国家文化部命名为"万里边疆文化长廊"。基层民主政治建设不断深化,行业工资集体协商制度得到温家宝总理的批示肯定,"民主恳谈"活动荣获第二届中国地方政府创新奖,并列入第七届"全球政府创新论坛"议题。"参与式预算改革"入围"中国地方政府创新奖"。

伴随经济、文化以及社会事业的全面发展,不仅使温岭市民众生活水平得到日益提高,还使当地民众的民主技能与民主意识得到进一步强化。在民主意识与民主技能得到提升的情况下,当地民众参与日常事务管理的热情进一步高涨,并由此催生了农民与国家、农村社会与政治国家之间关系的重大改变。

二 民主恳谈模式的产生背景

列宁曾深刻地指出,"在社会科学问题上有一种最可靠的方法,它是真正养成正确分析这个问题的本领而不致淹没在一大堆细节或大量争执意见之中所必需的,对于用科学眼光分析这个问题来说是最重要的,那就是不要忘记基本的历史联系,考察每个问题都要看某种现象在历史上怎样产生、在发展中经过了哪些主要阶段,并根据它的这种发展去考察这一事物现在是怎样的"①。以上论断告诫人们,研究社会科学中的任何一种问题,都应该站在历史的高度,系统深入地了解其产生、发展的根源以及整个发展过程的机理构成。同时,也只有历史地看待问题,才能找寻出产生问题的真正原因,真正探究出该问题的发展规律,进而用以指导其后续发展。首创于浙江温岭地区的民主恳谈模式也是如此,它的产生和发展是基于一系列因素的相互作用下实现的。

20 世纪 90 年代的温岭乡村地区并没有显现出如今民主发展蓬

---

① 《列宁全集》(第 37 卷),人民出版社 1986 年版,第 61 页。

勃之势的迹象，而是和全国其它地方的乡村地区一样，也陷入了一系列的治理困境。具体而言，乡村关系、两委关系以及干群关系都呈现出一种紧张与非正常的状态，严重制约了该地区基层民主政治建设的发展。与此相应的是，这时的温岭地区在经济发展方面却表现出与政治发展截然相反的状态。自从实行改革开放以来，我国东部尤其是东南沿海地区凭借国家政策的倾斜和自身基础条件的优势，在经济发展方面率先实现了突破性的发展。其中浙江省在改革开放的进程中排在了全国前列的位置，其主要经济指标长期保持在全国领先地位，并成为全国经济发展最活跃和增长速度最快的省份之一。而作为浙江省台州市所辖县级市的温岭地区，也同样受到了市场经济的洗礼，并在与市场进行博弈的过程中逐步成熟起来，一大批乡村企业在温岭大地上"扬帆起航"，大力带动了当地经济的发展。市场经济的迅猛发展不仅为当地民众带去了生活方式的直接改观，也使人们的思想观念、价值追求以及政治生活态度方面发生了巨大变化，产生了现代政治民主所需要的主体意识和独立人格。与此同时，温岭市政府和乡镇政府对于秉持以改革开放作为实现其发展的切入口，并以此来带动整个温岭地区的突破甚至崛起的指导理念也是坚定不移。然而，在现实实践中却因为受到基层民主发展陷入非正常状态的制约而经常陷入"吃力不讨好"的尴尬境地。尽管自20世纪80年代以来，在村民自治在全国范围内普遍推行的背景下，温岭市的基层民主制度也经历了与其它地区相似的发展历程，并经过多年的探索与实践，在民主选举方面已经取得了较为显著的成效。但随着基层民主选举制度的全面铺开与深入发展，民主选举的内在阙如也逐渐显现，使当地的基层民主发展面临着一系列困境与危机。不协调的乡村关系、两委关系以及干群关系不仅阻碍了当地基层民主政治建设的发展，还使国家政权力求推行的相关政策落实不到位、农民群众日益增长的民主诉求得不到有效回应。面对乡村基层民主建设的这种非正常状态，温岭市委市政府也一直在努力找寻相应的解决方法，比如组织相关人员或专家在农民群众中对党和国家的基本政策进行大力宣讲。但由于这些宣讲内容较为宏观，与乡村民众的实际需求距离较远，所以不能真正激发起民众的兴趣，导致类似的活动经常出现"有讲无效"的现象，没有起到预期的实际效果。经过当地政府官员的逐步探索与分析，他们逐步了解到导致出现这种现象的原因可能与乡村民主发展过程本身有关，而解决这些问题仅仅依靠民主选举是远远不能实现的。因为从理论上讲，民主的产生有赖于形式和内容两方面的有机融合，民主内容的实现是以民主形式的支撑作为其前提条件的。对于乡村民主来讲，民主选举虽然可以保证当选人员符合广大民众的内心意愿，但是如何保证这些人员在当选之后还能够依照民众的心理意愿行事却难以预料。而且根据实践情况来看，有部分当选人员往往在入职以后就会表现出与当时选举时的承诺相差较远的行为，这不仅违背了民众的真实意愿，还可能会使当地的民主政治发展遭遇空前的危机与困境。因此，民主选举固然重要，但其后的民主管理、民主决策以及民主监督环节也同样需要引起重视。在这种情况下，温岭市的当地官员逐渐找出了出现问题的真正原因所在，他们发现当地的乡村民主发展之所以会遭遇瓶颈，其根源在于缺乏畅通的民意表达渠道，而民意表达渠道的不畅使乡村地区的很多矛盾汇集在一起，进而阻塞了各种利益主体之间的正常交流与沟通，久而久之，乡村发展就会陷入一种"死循环"的状态。于是，一种以疏通民意表达渠道、转换乡村治理模式以及推动社会全面进步相结合的实验性努力即将在温岭大地上拉开序幕。

三 民主恳谈模式的发展历程

（一）民主恳谈实践的萌发

1999年6月25日，浙江省在开展农业农村现代化教育活动的过程中，松门镇党委、政府在内容与形式上都进行了尝试性地创新，召开了主题为"推进村镇建设、改善镇容村貌"的第一期农业农村现代化教育论坛，其设计初衷是为了避免传统"说教式"

教育的重复进行而在干部与群众之间采取面对面地交流与沟通的教育形式的一种尝试。在推行过程中，由于方式的独特和处理问题的针对性和有效性，大量群众一改往日抵触、冷漠的政治态度，都积极地参与这次活动，取得了超出预期的显著成效。2000年12月，温岭市委将此前已经在各地开展的"民情恳谈""村民民主日""农民讲台""民情直通车"等活动形式统一命名为"民主恳谈"。至此，民主恳谈实践在温岭大地上"生根发芽"，并在以后的过程中逐渐与当地的基层民主建设相结合，有力推动了乡村民主的发展步伐。

（二）民主恳谈实践的发展

从考察民主恳谈实践的产生渊源来看，在其产生之初并没有显现出多少"民主"的迹象，而是将一直将重点放在"恳谈"这一具体的行为实践之中。但在随后的发展过程中，它却逐渐与"民主"相结合，并成为推动当地基层民主发展的有力举措之一。从实践发展过程来看，经过当地政府"包装"后的民主恳谈，不仅注重其对话机制的规范性建设，还将其放在基层民主的高度，着重探索如何通过民主恳谈的实践来推动当地的基层民主建设，如何组织和引导当地民众实现对公共事务的管理与决策，在总体上朝着横向拓展与纵向深化的方向发展。随着实践活动的深入发展，温岭市无论是村（居）、乡镇（街道），还是市级机关（部门），再或者企业，都在大力推行民主恳谈这一新型的民主实践形式。由于本书旨在强调对村级协商民主实践活动的分析与介绍，所以这里以村级恳谈为例对其实践程序作一基本交待。村级民主恳谈的主要议题内容包括村民自治章程的修改、村庄建设规划安排、土地承包调整以及村务事项等，其基本程序则是先由村两委、群众团体或者村民个体提供民主恳谈实践所需要的信息来源，村两委负责梳理这些信息来源并提出重难点问题，随后，召开党员代表大会、村民代表大会确定恳谈的主题与内容，再由村两委制定民主恳谈的具体实施方案和发出相关公告，紧接着，参与者就相关议题展开充分的对话交流，待讨论结束后将恳谈结果提交村民代表大会进行表决，作出相应决策。最后，由村委会公布实施意见并落实相关决策，而村党支部则负责监督决策实施的具体情况，并征求反馈意见。由此可见，整个村级民主恳谈实践活动不仅具有完整而顺畅的程序设计，还能充分调动广大村民群众参与村务管理的积极性，对推动当地基层农村民主的发展提供有力保障。此外，这一时期的民主恳谈政治实践新形式在纵向深化上也表现出了新的特征，比如恳谈会的主题和内容逐渐趋向集中化与宽泛化；恳谈会的形式较为灵活，可以全方位、多层次地展开以及恳谈结果具有不确定性等等。

（三）民主恳谈的深化

温岭民主恳谈在经过萌芽与发展两大阶段的实践以后，在长期摸索的过程中逐步成长起来。客观而言，民主恳谈在首创的开始阶段主要是为了增加民意释放的空间，而到了2005年后，它日益实现了"民意释放"与"推动决策"的结合，使民主恳谈实践在纵向层面上真正走向了深化，其中参与式预算的产生则是这一层面的直观体现。2005年，温岭市泽国镇、新河镇在实行民主恳谈的基础上分别在参与式预算试验进行了探索，并形成了各具特色的两种模式，让当地民众和代表真正参与到政府预算的决策过程中来。当然，这里仅对泽国镇和新河镇的两种模式作一总结，并不意味着这一时期只有这两个乡镇在开展参与式预算试验，而是意在强调这两个乡镇在此方面的实践示范效应强而已。可以说，将民主恳谈与预算审查相结合，体现了体制外的制度创新与现行制度安排的有机融合，不仅拓宽了民主恳谈的制度化之路，同时还有效激活了地方人大的功能，使基层人大可以更好地履行国家赋予的工作职能[①]。就泽国镇和新河镇两种模式的运行

---

① 程同顺、张国军：《温岭民主恳谈对中国政治学的意义》，《中共天津市委党校学报》2011年第4期。

程序而言，二者既存在普遍意义上的相似之处，还有各自的发展特色：可以说，泽国镇模式是协商民主方式在乡村地区成功应用的典型范例，而新河镇模式则是在提炼协商民主精华之处的基础上，将当地的公共预算制度打造成最接近"理想模式"的一种尝试性努力。到了2008年，温岭市则将预算试验进一步延伸至市级政府部门，并率先在市交通局打开探索之门，到了2014年则扩展至水利局、建设局、人口计生局、教育局、环保局、科技局以及城市新区七个部门，其恳谈内容均与当地民众的日常生活联系紧密。随着议题内容和范围的进一步扩展，温岭的民主恳谈实践还将"触角"延伸到工资集体协商和党内民主恳谈中，从而进一步深化了民主恳谈实践的开展，对推动当地基层民主发展产生了直接的现实意义。

四 民主恳谈模式的经验启示

民主恳谈这一基层民主实践自在温岭大地萌生之日起，就吸引了包括基层民主实践者、政府官员甚至海内外学者等在内的众多人士的热切关注。而人们在关注其实践进展的同时，也在思索着它到底为我国民主发展带来怎样的民主价值与意义，以及能为如今的乡村民主建设提供怎样的经验启示。

毫无疑问，温岭的民主恳谈实践以其丰富的民主内涵和合理的程序设计为人们全方位地呈现出协商民主在乡村地区成功应用的典型案例。尽管它在发展过程中依然存在着诸多问题与限度，但在特定历史时空的背景下，它自萌生之日起就带着特有的民主"使命"一直前行。在这场乡村协商民主实践中，国家推动与社会发育构成了其生长发展的原动力，并最终实现了双方在互动过程中的"双赢"。客观而言，民主恳谈实践的不断发展使当地的乡村治理模式逐渐走向合理，有力推动了当地乡村民主建设的发展。同时，它的成功实践也为人们带来了最为直观的启示即在乡村治理模式中合理引入协商民主是实现乡村社会全面发展的合理路径。温岭民主恳谈对协商民主的成功应用，不仅吸引了一大批学者对其进行理论解释与实践分析，还使得许多其他地区纷纷进行"效仿"，以期获得同样的成效。但这些地区能否取得与温岭一样的民主效应，不仅要看它们是否具有合理的程序设计，更要看它们自身的基础和条件是否适应民主恳谈模式的生长与发展。如果一味地在程序设计上"效仿"温岭的民主恳谈，而不是培育民主恳谈"落地生根"所需的土壤，则这种"效仿"会使这些地区的民主恳谈实践陷入一种发展困境而走向形式化与表面化，最终导致与当初的目标设计初衷相差甚远情况的产生。

第二节 河南邓州的"4+2"工作法模式

一 邓州概况

虽然河南邓州个案自产生以来，就受到了学术界和基层民主实践者的广泛关注，但并不是所有人都对其基本概况和实践过程有所了解，因此在该部分有必要对邓州的基本情况作出交代。邓州市处于河南省西南部南襄盆地中部偏西地区，东接南阳市卧龙区、新野县；西连淅川县；南界湖北省襄阳区、老河口市；北邻内乡县、镇平县。南北长69公里，东西宽67公里，总面积2369平方公里。它共辖28个乡镇（街、区），邓州市总人口188万，其中城市人口40多万。邓州先后荣获"全国粮食生产先进县（市）""全国基本农田保护建设示范区"，粮食核心主产区地位进一步巩固提高。

以2014年的数据资料为例。邓州市在2014年完成生产总值330亿元，增长9%；三次产业结构由"二一三"升级为"二三一"；实现公共财政预算收入11亿元，增长19%；完成固定资产投资248.5亿元，增长17.2%；实现社会消费品零售总额123亿元，增长13.1%；城镇居民人均可支配收入21836元，增长9.3%；农民人均纯收入10181元，增长11%；金融机构各项存款余额242亿元，较年初增加23亿元，增长10.6%；各项贷款余额

120亿元，较年初增加24亿元，增长25.5%，人口自增率控制在6‰以内，节能减排任务全面完成。邓州市在经济取得巨大成就的同时，其社会事业也是蓬勃发展。邓州市在最近几年先后获得"历史文化名城""中国第一雷锋城"以及"丹江口库区区域中心城市"等光荣称号。此外，邓州市在基层公共文化服务体系建设方面也得到逐步完善。其中，市图书馆、文化馆达到国家三级馆以上标准；24个乡镇建有综合文化站，并投入使用；广播电视村村通、舞台艺术送农民工程、农村电影放映、农家书屋等重点文化惠民工程成效显著，有力推动了农村文化建设。

二 "4+2"工作法模式的产生背景

邓州市的"4+2"工作法模式并不是偶然出现的事物，恰好相反，它的出现是有深刻的历史背景，并表现在社会、政治与经济等多方面。改革开放以来，在国家推动和农民自发的双重影响的作用下，我国农村基层民主政治建设取得了长足的进展，并形成了以民主选举、民主决策、民主管理以及民主监督为主要内容的村民自治制度。与之相随的是，我国农村社会的治理结构发生了前所未有的变化，农民的民主意识与民主技能也在村民自治的实践过程中得到了有效提升，整个农民社会的面貌在新的治理环境下焕然一新。进入新世纪以后，以农民、农业和农村为内容的"三农"问题逐渐引起了党和国家的重视，许多惠农、支农的新政策应运而生，其中农业税的取消对农村社会甚至整个国家都带来了极大的影响。而邓州市所属的河南省也积极响应国家号召于2005年起对全省所有县（市）全部免征农业税，这让已经延续了几千年的"皇粮国税"成为历史。全面取消农业税，为河南省的农村社会发展带来机遇的同时，也出现了挑战性的一面。一方面，农业税的全面取消为切实减轻农民负担、密切党群和干群关系和抑制村民委员会的"过度行政化"等方面产生了积极的影响；另一方面，乡镇财政的减少不仅降低了乡镇政府对农村公共产品的服务和供给能力，还为农村地区带去了一系列的发展困境与治理难题。在传统农村的工作方式越来越难以适应新形势的情况下，许多地区的村干部还是沿袭过去的行政命令式的方法去开展工作，这不仅进一步加深了干群关系、党群关系中的种种矛盾，还从根本上遏制了村级治理工作的有效开展。据相关数据资料显示，在2005年，邓州市578个村党组织中，"后进村"37个，占6.4%，工作勉强运转村76个，占13.1%，个别村级组织属于完全瘫痪状态①。在这样的现实情况下，邓州市农村地区的基层组织越来越难以适应国家新的工作方针对其提出的新要求，并导致长期积累起来的农村地区矛盾找不到化解的渠道。在矛盾得不到有效化解的情况下，上访现象增多也就不足为奇了。据统计，邓州市每年集中百人以上的群体性上访事件都会有十多次。而导致上访事件频繁发生的根本原因则在于农村基层组织建设的弱化和民主管理的不到位。与此同时，国家对农村地区的建设却在新的时代条件下提出了新的发展目标。2005年10月，党的十六届五中全会通过了《十一五规划纲要建议》，提出了以"生产发展、生活富裕、乡村文明、村容整洁、管理民主"为发展目标，扎实推进社会主义新农村的建设进程。在大力推进新农村建设的时代背景下，一系列与三农问题相关的方针政策要求农村基层组织进行认真贯彻与落实，而这对农村基层组织的工作也提出了相应的新要求。然而，邓州市农村地区的组织建设情况却不容乐观，农村基层干部一直沿用传统的行政命令式的工作方法，导致基层组织工作建设与新的时代背景不相适应，出现了"老办法不管用，软办法不顶用，硬办法不敢用，新办法不会用"的窘境，使农村地区的发展面临着种种矛盾与困境。因此，在各种现实因素的交错作用下，邓州市的"4+2"工作法模式带着新的制度创新精神应运而生。

---

① 朱健楠、朱启臻：《在农村民主管理中如何确立农民的主体地位——基于对河南邓州"4+2"工作法的考察》，《中国井冈山干部学院学报》2010年第1期。

三 "4+2"工作法模式的运作流程分析

2004年6月25日,《中共中央办公厅、国务院办公厅关于健全和完善村务公开民主管理制度的意见》下发后,河南省邓州市委、市政府结合多年来的村级组织建设和民主管理工作实践,在省民政厅的指导下,着眼于发挥农村党组织的战斗堡垒作用和村委会的自治作用,推进农村民主政治建设,创造性地探索出了"4+2"工作法模式,并于此后下发了《中共邓州市委、邓州市人民政府关于在村务公开和民主管理工作中推行"四议两公开"的决定》《邓州市"4+2"工作法实施细则》等10多个文件,对"4+2"工作法的适用范围、相关程序、注意事项等做了详尽的规定,使之逐步成为完整的科学制度体系。具体而言,所谓"4+2"工作法模式,也被称为"四议两公开"经验,是指村里所有村级重大事项的决策都由村党支部在广泛征求党员和村民意见的基础上进行提议,再由村"两委会"商议、党员大会审议、村民代表会或村民大会决议,决议和实施结果都要向全体村民公开。那么,"4+2"工作法究竟怎样在党的领导下实现民主决策和公开监督?怎样调动农村党员和农民群众的积极性?对以上问题的解答应当从分析其运作流程入手。

(一)"四议"

"四议"是确保"4+2"工作法模式能够在邓州市农村地区能够顺利开展的基础条件,也是提高该地区村民自治制度效能的有力保障。具体而言,"四议"包括党支部会提议、党支部村委会"两委"会商议、党员大会审议、村民代表会议或村民会议决议。其中的"党支部会提议"着重强调的是村党支部拥有对"4+2"工作法的提议权,即村党支部在广泛征集广大村民群众意见的基础上,并针对农村地区的实际情况,将涉及全体村民公共利益的事项提到村民自治的议程中,使之与村民自治的实施过程相挂钩,能够真正体现民意、顺乎民心。这种在村民自治中由村党支部掌握提议权的做法，不仅可以使"4+2"工作法模式有效开展，还使村党组织的领导核心地位得到充分体现。"村'两委会'商议"是指针对村党支部提出的相关议案，由村党支部进行召集村委会与村党支部两大组织的成员进行充分协商与讨论，提出各方的意见与观点。而对于意见分歧较大的事项，可以根据各地的实际情况采取口头、举手或者无记名投票等方式进行表决，在遵循少数服从多数的原则下形成统一意见。以上做法有利于疏解在村民自治中长期以来形成的"两委"矛盾，从根本上协调"两委"关系，增强"两委"之间的融合力。"党员大会审议"是将由"两委"商议形成的统一意见提交到党员大会上进行审议讨论，并在讨论的过程中党员可根据内心意愿提出意见，而这些意见无论最终是否能被采纳，党员大会在审议时都必须给出合理的理由。同时，依据党员意见修改的议案，也必须经由全体参会党员的2/3以上同意方可有效。这种充分尊重党员意见的做法，不仅使党组织在农村基层中的主体地位得到了有效体现，还为基层党员积极参与村民自治的开展过程提供了有效平台。最后，"村民会议或村民代表会议决议"则是将党员大会的审议意见与经过修订后的具体方案提交到村民会议或者村民代表会议上进行讨论表决，且相关议案必须得到参会村民半数以上同意方可通过。可以说，无论整个"4+2"工作法模式的运作流程多么复杂，其最终环节部分还是充分体现了广大村民在村民自治过程中的主体地位，而这种新型的决策模式使广大村民的实际利益在最大程度上得以实现，从根本上激发了村民管理村内事务的积极性和能动性。

（二）"两公开"

"两公开"主要包括"决议公开"和"实施结果公开"两项内容。其中的"决议公开"是指在"4+2"工作法中不仅召开村民会议或村民代表会议的过程要公开，且对通过决议的相关事项也要以文字和广播的形式在村级公共场所和村务公告栏上进行公开，以在最大程度上保证广大村民对相关决策内容的知情权，为村干部与村民之间建立良好的干群关系打下良好基础。而"实施结果公开"作为"4+2"工作法模式中的重要环节，主要是指通过村民会议或村民代表会议的各项决策事项都应该在村党支部的领导下由村委会组织实施，其实施进程和结果及时向全体村民公布，并充分发挥党员大会、村民会议、村民代表会议、村务公开民主管理监督小组、民主理财小组等组织的作用，对实施结果进行审核审查并由村委会及时进行公示。

邓州市"4+2"工作法的新模式从着重强调村党支部的领导核心作用出发，以"党管农村"为主要工作原则，将涉及村民重大利益的相关事项的提议权交给村党组织，并由通过"村两委"商议形成的统一意见提交到党员大会上进行审议，这种做法有利于从根本上强化党在农村基层的执政根基，巩固党在农村地区的领导核心地位。而通过实行村两委对相关重大决策事项进行协商与讨论的做法，又可以将党支部的意愿合理转化至村民自治的实施环节中，这不仅突显了村委会的自治功能，还从根本上理顺了村两委的关系，实现了党的领导与村民自治的有机融合。此外，该工作法在最后环节将最终的决策权交与村民大会或者村民代表大会上，体现出其重视广大村民群众主体地位的民主精神，使村民自治的本质意义得以充分彰显，为广大村民实现自我管理、自我教育与自我服务提供了有效途径。

四 "4+2"工作法模式的绩效与经验分析

（一）"4+2"工作法模式的绩效分析

目前，"4+2"工作法模式在邓州市农村地区推行已经长达九年之久，其取得的实际成效也是有目共睹的，实践多次证明该模式是完善农村民主治理、创新村民自治机制、激发农村基层民主内在动力的一种有效形式。比如高集乡贺营村的村党支部运用"4+2"工作法的新模式，新修公路、村道12.7公里，同时还修建了卫生室、扩建了小学，极大改善了群众的生产生活条件。不仅如此，该村党支部还合理运用"四议两公开"工作法，立足本村实际，积极引导群众调整产业结构，收到了良好的成效，群众收入连年递增。正如贺营村党支部书记胡殿军在说到"四议两公开"工作法对村级党建工作的帮助和促进时说出的一些看法："村里通过四议两公开解决了许多问题，村干部和群众经常进行交流，减少了很多矛盾，尤其村里的具体工作，像产业结构调整，包括高速两侧的绿化，方方面面进行的都很顺利，就是通过'四议两公开'，群众能了解一些情况，自然就减少了一些矛盾。"① 另外，据相关资料显示，自2006年以来，邓州市的农村信访量在数量方面下降了74%，集体访、越级访和村级干部、党员违纪违法案件的下降数量都高达95%，邓州市也因此被国家中纪委确定为"全国基层农村党风廉政建设先进联系点。"② 这些鲜活的案例与数据表明，"4+2"工作法模式作为在邓州市农村地区的一种较为成功的治理机制创新，不仅为实现广大村民积极有效参与村级事务管理提供了有效平台，而且还在提高该地区的经济发展水平、文化建设能力等方面产生了巨大的推动作用，更为实现邓州市新农村建设增添了新的发展动力。具体而言，"4+2"工作法模式的主要绩效主要体现在以下几大方面：

第一，增强了村委会与村党支部、村委会与乡镇政府之间的融合力。长期以来，如何处理与协调好村委会与村党支部、村委会与乡镇政府之间的关系，使其不断朝着制度化、规范化的方向发展始终是突破村民自治发展瓶颈中的重要问题。而邓州市的"4+2"工作法模式在村两委关系方面则从村党支部拥有重大事项的提议权入手，并将村党支部的意志加入到村民自治的具体实施环节中，这种做法不仅明确了村委会与村党支部的职能划分，使村两委的关系

---

① http://www.dengzhou.gov.cn/portal/ztzl/sylgk/webinfo/2014/08/1437448950437694.htm.

② 邓州市委、市政府：《4+2工作法（内部资料）》2006年。

更加顺畅，避免了以往二者相互扯皮、各自为政的不良局面的产生，还巩固了党在农村地区的执政基础，强化了村委会的自治职能，为该农村地区村民自治的顺利开展奠定了良好的基础保证。对于乡村关系而言，"4+2"工作法也通过完善的程序设计使二者关系得到了改善。客观地讲，在旧有的乡村关系中，乡镇政府处于一种"高姿态"的工作氛围之中，将村委会当成是其行政机构在农村地区的延伸而肆意指派、加以控制，使乡村关系出现了一系列的矛盾与困境。而自从邓州市实施"4+2"工作法以来，乡镇政府一改往日以命令式的方式直接向相关村委会、村党支部下达指示的工作习惯，而是依据"四议两公开"的程序规定行事，将乡镇政府的意志通过合理的程序规定转化为符合广大村民意愿的决议。由此可见，通过推行"4+2"工作法，无论是村两委关系还是乡村关系都较以往有了明显的改善，为该农村地区村民自治的有效开展提供了良好的组织基础。

第二，实现了决策的科学性，推动了邓州市农村地区经济、文化以及社会各方面的发展。

通过在农村治理中实行"四议两公开"工作法，可以将村干部、党员以及广大村民等各方力量的智慧集结在一起，在很大程度上避免了以往依靠单方力量决策的盲目性，减少了资源重复浪费的非科学性，为实现科学有效的决策提供了有力保障。在具备科学性与有效性的决策的主导下，邓州市农村地区在经济、文化以及社会等方面都取得了长足的发展。比如邓州市汲滩镇廖寨村党支部近年来在坚持运用"四议两公开"工作法处理相关村务，进行民主管理和科学决策，使该村不仅由一个过去的"上访村"变成了"先进村"，其村容村貌也较之以往发生了巨大的改变①。再如文渠乡泰山村党支部运用"四议两公开"工作法，在处理村级事务工程

---

① http://www.dengzhou.gov.cn/portal/ztzl/sylgk/webinfo/2014/07/1437448950479282.htm.

当中，本着民生、公平、公开的原则，带领广大干群积极开展工作，先后流转整理出示范项目区 2000 多亩地，使农业生产得到了迅猛增长。同时，环境的改变、交通的便利也吸引了多家企业入驻，不仅为广大农民群众增加了经济收入，还使该地区在文化建设、生态建设等方面得到了显著的发展①。

（二）"4+2"工作法模式的经验分析

邓州市首创的"4+2"工作法模式，将党的领导地位、村民自治以及广大农民群众的主体地位有机地结合在一起，是农村治理模式的新创举，是基层民主政治建设的新发展。经过将近十年的发展，邓州市的"4+2"工作法不仅走出了一条实现农村地区积极有效治理的新路子，还为我国当前的村民自治建设提供了不少经验与启示。

"4+2"工作法模式作为我国农村协商民主实践的典型代表，为村民自治与协商民主的有机结合提供了很好的示范作用。其"四议两公开"的程序设计既充分考虑到村级党组织在基层民主建设中的领导核心地位又兼顾到广大村民群众在村民自治中的主体地位，还有效激发出了村干部的工作热情，这不仅使协商民主方式在村民自治建设中的应用起到了积极作用，还从根本上推动了农村基层民主建设的发展。从"4+2"工作法中的成功经验中可以得出，实现村民自治制度与协商民主方式的有机结合是缓解当前村民自治困境的一条切实可行的途径，二者的结合可以有效激发出村民自治的内在民主精神，有效应对当前我国农村地区发生的新变化与新矛盾，使农村基层民主建设呈现出新的发展面貌。然而，这种结合并不具有随意性，恰好相反，正是由于具备了某些特征才使二者的结合更具科学性与合理性。比如在"4+2"工作法中协商主体体现出广泛性与全面性的特征，其主体的涵盖面包括村干部、党员、广大村民群众以及宗族势力等，使各种利益主体都能够参与到村务管

---

① http://www.dengzhou.gov.cn/portal/ztzl/sylgk/webinfo/2014/04/1437448950542188.htm.

理中来，作出的相关决策也能够体现出各方利益主体的意愿。此外，"4+2"工作法还特别注重程序设计的流畅性与可操作性，六大环节安排有序、层层相扣，构成了一个较为完整的程序设计体系。通过实施这种程序设计，既保证了相关决策的科学性与合法性，又使党的政策方针融入其中，开拓了村民自治发展的新思路与新路径。

经过多年的实践，邓州市的"4+2"工作法模式不仅大力推动了当地农村地区政治、经济以及文化等方面的发展，还为在全国范围内其它农村地区的村民自治建设提供了可资借鉴的经验。然而，不可否认的是，由于我国各地农村发展情况有别、差异明显，如果将"4+2"工作法作为一种普适性的农村治理模式而在全国范围内进行推广则必然会出现"水土不服"的现象，因此应该借鉴其具有普适性的一面，使之为我国当前的村民自治建设所用，为实现基层民主政治的新发展开辟一条新的路径。

第三节 宁波象山"村民说事"模式

一 个案概况

象山县是中国浙江省宁波市所属的下辖县，位于东海之滨，居长三角地区南缘、浙江省东部沿海，在象山港与三门湾之间，三面环海，两港相拥，素有"东方不老岛、海山仙子国"和"天然氧吧"之称。由象山半岛东部及沿海608个岛礁组成，陆域1175平方公里，海域5350平方公里，海岸线长达800公里，占浙江省海岸线的1/6。辖有10镇5乡3个街道，象山户籍人口有50.33万人。

近些年来，象山人民在国家相关政策方针的引领下，大力弘扬实践"海纳百象山川、勇立潮头"的"象山"精神，深入实施"桥海兴县、工业强县、旅游富民、和谐惠民"四大战略方针，正确处理改革、发展与稳定三者之间的关系，在保增长促调整、保民生促稳定的目标激励下,象山县实现了经济平稳快速增、社会全面进步,综合实力不断提升,并于2002年跻身"全国综合实力百强县"的行列,其中在2005年名列第63位。在巨大荣誉的面前,象山人民并没有因此骄傲止步,而是带着"象山精神"一直奋斗前行,使象山县在政治、经济、文化与社会等各方面都取得了可喜的成绩。

象山县在注重加快经济发展步伐的同时,也对统筹城乡经济社会协调发展提出了明确的目标定位,提高了城乡一体化的发展效率,推动了社会事业的全面进步。经济的快速发展、社会的全面进步,不仅带来了象山人民日益提高的物质生活水平,还使其民主意识、民主技能与民主素养得到了前所未有的提升。当地民众对参与民主治理的意愿日益强烈,且在改变农村社会与政治国家之间的关系中起到了明显的推动作用。

二 "村民说事"模式的基本简介

进入新世纪以来,象山县的农村基层民主建设工作虽然取得了一些成绩,但与之相随的是,一些问题与矛盾也逐渐显露出来,严重制约了当地民主的建设进程。有些农村地区的重大决策、重要事项不经过民主表决、民主讨论,作出的决策不科学;"两委"关系失调,在工作中互相扯皮、各自为政;有些村干部缺少工作能力,民主效率不高等。这些现象的产生不仅直接阻碍了当地基层民主的发展,还使广大村民在民主实践的过程中逐渐产生了政治冷漠的消极心理,导致这些地区的民主发展失去了原动力。

2009年4月,象山县政府选择西周镇的几个村庄作为"村民说事"制度的试点,并紧接着开展了相关的试点工作。具体而言,"村民说事"制度的主体是广大农民群众,以"四事"作为其主要方式,分别为说事、议事、办事以及议事。在"四事"中最主要的环节是说事,如何让广大农民群众讲清楚、说明白是制度设计的核心要点。因此,在对"村民说事"模式进行程序设计时,设计人员尤其重视"说事"这个环节,并且在此环节上依次设置了"公示、申请、酝酿、说事"的四项程序。第一,由村委会选取每月的固定时间并向广大村民公布召开说事会的具体时间;第二,由选择参加说事会的村民向村委会提交相关参与申请;第三,申请参加说事会的村民通过与其他村民沟通或者其它的可行方式,提前准备与酝酿在说事会上的具体内容;第四,负责说事会的工作领导小组组织召开说事会,将村民们各自提出的意见、想法以及要求等进行认真汇总,并以笔录的方式作好记录。象山县的西周镇自实行"村民说事"制度以来,取得了较大的成效。其中仅2009年,该镇就共有600多名村民申请参加说事会,收到村民议题207个,现场答复、解决了151个议题,56个议题落实责任人,取得了明显效果。"村民说事"模式在西周镇的试点工作取得不错的成效后,象山县纪委及时总结了这一成功经验,并得到了县委县政府的大力支持,决定于2010年初将这一模式推广至全县18个乡镇,这也意味着"村民说事"制度步入了全面推广和深入发展的新阶段。

目前,"村民说事"制度已经成为象山县积极探索"三位一体"自治管理模式的重要组成部分,依托"村民说事"的制度平台,当地的广大村民群众可以毫无保留地将自己的意见与建议表达出来,更加有效地调动了村民们参与村务管理的积极性,有力地促进了当地的基层民主发展。

三 "村民说事"模式的意义与经验

(一)"村民说事"模式的现实意义

作为村民表达民意机制和村民自治制度创新的新典范,村民说事模式既保证了广大村民的知情权与参与权,为村民积极参与村庄公共事务的治理提供了有效渠道,更为实现农村地区稳定发展产生了重要的现实意义。首先,村民说事模式有效激发了广大村民群众的民主潜能。村民通过多次参加说事会,不仅会在最大程度上使涉及自身利益的问题得以解决,还会在不断的民主锻炼中提高自身的民主意识与民主技能。其次，村民说事模式有利于化解农村矛盾。通过实行村民说事制度，村干部可以对本村存在的问题与矛盾有所基本了解，并以此作为切入口，积极解决难点问题、化解矛盾，有力地推动了农村基层地区的稳定发展。再次，规范了村干部的工作行为。村民说事制度的实行，使村里的公共事务工作变得更加透明化与公开化，村干部通过积极组织召开说事会，积极了解与采纳村民群众提出的意见与建议，进一步理清了工作思路，为规范村干部的工作行为提供了坚实的制度保障。最后，实施村民说事制度的过程，其实本身也是在农村地区实现政治社会化的过程。政治社会化是指社会成员在参加政治实践活动的过程中逐步获取政治知识和能力，继而形成政治意识和立场的过程。通过实行村民说事制度，得以使国家的相关政策和法律法规被真正融合进村民议事的过程中去，使村民对其有所认知与接受，从而确保国家的政策方针在农村地区的真正贯彻与落实，推动基层民主建设的顺利开展。

（二）"村民说事"模式的经验启示

客观而言，如果同前面分析过的温岭"民主恳谈"模式和邓州"4+2"工作法模式相比较的话，象山县的"村民说事"模式似乎少了一些民主层面的价值意义，但从普适性的层面进行剖析，"村民说事"模式却更易在其它农村地区进行普遍推广，普适性一面的表现较为明显。作为实现农村社会全面发展的"助推器"、加强农村基层民主建设的"防护堤"、密切党群关系和干部关系的"润滑剂"以及促进农村社会和谐稳定的"催化剂"，"村民说事"模式通过对其进行详尽的理论总结与实践分析，可以为其他农村地区所用。然而，具有较强的普适性并不意味着这一模式可以在不具备任何前提条件的状态下进行应用与推广，正好相反，它在其他地区的应用也应该具备一定的前提条件，比如村民的民主意识、村干部的工作能力以及地方政府的支持等，这些条件对于村民说事模式的开展缺一不可。如果没有这些条件的支撑，再合理、再完美的程序设计也会在现实条件的制约下被架空。

第四节 乡村协商民主实践的特点总结

自 20 世纪 80 年代实行村民自治制度以来,在"乡政村治"的治理格局下,我国农村社会在政治、经济、文化以及社会各个领域都得到了长足的发展,尤其是农村基层民主政治建设取得了明显成效。与此同时,随着社会经济的全面发展,整个乡村地区的建设也面临一些明显的困境与难题,比如民主选举的表面化与形式化、农村社会的社会整合机制失效以及公共产品供给短缺等等。这些都对"乡政村治"的治理模式提出了新的挑战。而协商民主实践在乡村地区的广泛开展,为解决乡村地区的矛盾与问题提供了新的解决思路,同时这些实践模式也为人们生动地展示出将协商民主方式与我国农村制度进行有机结合的过程。而对这些实践模式的特点进行理论总结,对于提升乡村协商民主发展的宽度与厚度有着明显的现实意义。

一 国家推动与社会发育的双重性

发源于乡村地区的协商民主实践,在国家推动与社会发育双重力量的作用下,走出了一条符合我国乡村地区实际情况的民主之路。与村民自治的成长轨迹相似,这些生动的协商民主实践也是在乡村地区陷入各种发展危机的情况下应运而生的,只是从起源到发展中的任何阶段都离不开国家行政力量与乡村社会发育的双重推动。而温岭地区的民主恳谈范例可以很好地体现出这种特征。从民主恳谈会的发端过程来看,由于温岭乡村民主发展陷入一种非正常状态,导致当地的基层民主建设出现了一些矛盾与困境,而当地官员为了应对这种民主危机一直在找寻有效的解决途径,民主恳谈会则作为一种应对危机的手段在温岭地区推广开来。同时,它的产生与发展并不是由国家力量推动的单个因素决定的,当地民众民主意识与民主技能的提高也是其重要原因。因为从民主恳谈的实践过程来看，其每一个环节都离不开民众的广泛参与，从协商主题的商定到协商过程的开展，甚至于到协商过程结束后的实施效果与监督都与民众的亲自参与有着直接关联。因此，目前在我国乡村地区普遍开展的协商民主实践，其成长与发展的每个阶段都是基于当地民众日益增强的民主诉求和代表国家行政力量的地方官员推动创新发展努力的结果。国家力量与社会发育在乡村地区的有机结合，使乡村协商民主的实践之路走得更加平稳与坚定，同时也为实现我国的基层民主政治发展提供了坚实的基础保障。

二 协商主体的广泛性与包容性

协商主体是指参与协商过程的人，也即讨论由谁来参与协商的问题。正如考察任何一种民主实践一样，都离不开对民主主体的详细探究。同理，整个协商民主实践的运作也必须要将考察由哪些人来参与协商过程列入首选行列，因为协商主体不仅是开展协商民主实践的前提要件，也是其终极目标所在。客观而言，在我国当前的乡村协商民主实践中，对协商主体的范围与特征并没有硬性规定，正所谓协商主体应该具有多元性。从前面部分对乡村协商民主实践几种典型范例的分析与介绍，不难得知在乡村协商民主的实践过程中，所有的利益相关者都不仅可以而且应该成为协商主体。比如在民主恳谈会中，其参加人员的范围是非常广泛的。可以说，凡是与恳谈议题有利益相关的人，都可以被列入参加对象的范围，同时这些利益相关者不受性别、财富、民族、宗教信仰等的限制。除了广泛性外，协商主体还具有包容性，这也就意味着各个利益主体在参与乡村协商实践的过程中具备了更多的理性与责任。对协商实践中主体多元性与广泛性的设定，使得各主体在参与协商的过程中一定会遇到各种利益碰撞的问题，这时就要求协商主体不能是追求自我利益的狭隘者，而是持有一定信息资源、为实现公共利益而与其他人进行理性沟通与讨论的协商者。例如，在 2000 年，即温岭民主恳谈刚刚兴起之时，该市城东街道汇往头村因市政府开发重点工程

第五章　中国乡村协商民主实践的几种代表模式及其特点总结　　139

需要拆迁安置287户,但大部分村民却给出拒绝的答复,因而拆迁阻力非常之大。村两委为了妥善解决此问题,召开了民主恳谈会,通过与村民进行反复地沟通、交流与讨论,最终得到了村民们的认可与接受,主动配合了市政府的拆迁工作①。由此可见,村民们在参与协商的过程中,往往会以理性与包容的态度去权衡自我利益与公共利益的价值,并最终作出有利于实现公共利益的决定。

三　协商客体的公共性与现实性

一般而言,协商客体是指协商主体在参加协商民主实践过程中所明确的对象,也可称之为协商议题或者协商主题。如果在协商过程中没有固定的协商议题,所谓的协商实践就会变成毫无目的的闲谈,而这种情形下的实践则与协商民主实践有着本质区别,而只能被称之为是简易的民意通气会或民意表达会。因此,很多学者提出,是否具有固定的协商客体,应该被当作衡量是否属于协商民主实践的重要指标之一。从前面分析过的几种乡村协商民主实践模式来看,当地民众的公共利益应该被认为是协商客体。因为在现实生活中,个体利益的满足要依赖于公共利益的实现,如果没有公共利益的实现,个体利益也就无从谈起。诚如埃尔斯特所言,"政治协商要求公民超越'市场'的私人自利而诉诸'论坛'的公共利益;只有当其改善政治决策,尤其实现共同目的时,源自公民立场的协商才是正当的"②。协商过程只有诉诸公共利益,才能够为那些弱者争取到一些有利因素,从程序上保证弱势群体的利益实现最大化。乡村协商民主实践也是如此,无论是温岭地区的"民主恳谈会",还是邓州市的"4+2"工作法模式,再或是宁波象山县的"村民说事"模式,其整个实践过程都是围绕当地民众的公共利益

---

① 慕毅飞、陈奕敏:《民主恳谈——温岭人的创造》,中央编译出版社2005年版,第97—155页。
② [美]詹姆斯·博曼、威廉·雷吉:《协商民主:论理性与政治》,陈家刚译,中央编译出版社2006年版,第51页。

而展开,并最终以公共利益的实现作为评判其是否成功的标准之一。除了公共性,乡村实践的协商议题还体现出现实性的特征。自乡村协商民主实践诞生之日起,它就围绕着如何解决乡村地区发展过程中实际存在的矛盾与问题而展开,而不是在一些所谓的"政绩工程""指标工程"上下功夫。比如在村级协商民主实践中,村民自治所涉及的村级事务往往与村民的现实利益攸关,与村民的日常生活紧密相联,宅基地的使用问题、村庄公共设施的建设问题、村集体收入的分配问题或者村庄公路的修建问题等都可以列入协商议题的范围,而这些利益的最终实现也是村民们参加村级协商民主实践活动的重要力量源泉。因此,在对协商议题的选择上,只有兼具公共性与实用性,才能有效激发出民众的参与积极性,才能真正解决民众的日常生产生活问题,使乡村协商民主实践的成效实现最大化,继而推动当地乡村民主建设的发展。

四 协商程序的可操作性与规范性

党的十八届十四中全会报告指出,"制度化、规范化、程度化是实现我国社会主义民主政治的根本保障"。任何一种民主实践形式,要想在最大程度上发挥其民主功效,不仅仅在于其具备合理与规范的程序设计,而且还维系于实践过程中的可操作性。正如科恩所言,"合理的多元主义会导致程序民主概念。按照这种定义,源于合法性的民主谱系只能通过集体决策的程序及与公平过程相关的价值来体现"①。乡村协商民主作为一种民主实践形式,实现其有效发展已经成为推动我国当前基层民主政治建设的重要举措。从分析当前在我国乡村地区产生的协商实践来看,虽然各种模式在形式和内容上各具特色、侧重点有所不同,但无一例外都是将协商民主与基层民主有机地结合起来,并且都非常注重协商程序设计的可操

---

① James Bohman, *William Rehg. Deliberative Democrac.* The MIT Press, 1997, p. 409.

作化与规范化，使广大民众能够真正参与到协商过程中来，而不是将协商实践变为干部与官员的"专利"。比如宁波象山县的"村民说事"模式根据本村庄的实际发展情况，在协商实践的环节上依次设置了"公示、申请、酝酿、说事"的四项程序，这四项程序不仅符合协商实践的基本流程规范，还在实践操作过程中具有应用性强的特征，充分调动了当地村民的积极性，使村民群众能够在参与过程中真正解决了影响日常生产生活的难点热点问题，大力推动了当地新农村建设的发展进程。再如温岭地区的民主恳谈会，在召开民主恳谈会之前，组织者通过村务栏、广播以及网络等方式将恳谈公告以及在恳谈过程中会讨论到的相关资料告知参与者，在最大程度上使所有可能受到决策结果影响的人都对民主恳谈过程有较为明确的了解，为民主恳谈会的顺利开展做好前期准备。这种通过利益相关者的积极参与、讨论与交流，在对公共事务的看法上形成共识、作出妥协，并最终实现公共决策的运作过程，使得民主恳谈会在实践过程中可以减少"暗箱操作""权力压制"等现象的产生，因为它的整个运作过程都是按照公开的程序进行的。

五 协商结果的不确定性

在协商民主理论中，"形成共识"不仅是协商实践希望达致的理想与目标，也是协商过程参与者通过沟通、交流与讨论方式对所协商议题表现出来的协调性与一致性，更是实现合法决策的基础。同时，协商民主理论还认为，即使是处于理想的状态下，确保协商过程实现共识的理由也不可能是现成的，其共识也很有可能不会形成。因此，协商民主并不要求全体参与者在相同或所有选择上保持一致，因为现代社会存在多元利益的冲突与碰撞，要求所有人都持有相同意见与观点很明显是不可能实现的。正如博曼所言，"多元一致只是要求公共协商过程中的持续性合作，即使是持续的不一致。在多元社会中，不是说单一一致无法通过公开的正当性而实现；相反，融合不是公共理性或讨论的必然要求，而是民主公民的理想。这种理想并不要求所有公民出于相同理由而同意，它只要求在相同的公共协商过程中，公民能够持续合作与妥协"①。乡村协商民主实践也是如此，作为一种协商结果，它存在三个基本维度，分别为：可能成功，也可能失败，还可能是毫无定论②。虽然在人们的传统观念中，只要是开展协商民主实践，就应该是在相互讨论、交流的基础上作出妥协、达成共识，而没有结论或者是没有一致性意见的协商结果似乎并不被人们所认同，甚至为人们所排斥。因此，某些人在面对毫无定论的协商结果时，总会产生下面的疑问：为什么当出现没有结果的协商实践时，相关组织者却仍然会继续重复开展类似的活动？这样做会对解决实际问题产生现实意义吗？因为对于村民群众而言，开展协商实践活动是一定要有结果的，而且这种结果最好是有利于实现其自身利益的。而相关组织者尤其是当地干部却抱有相反的态度，他们认为通过开展协商活动形成共识、作出决策固然是最理想的一种结果，但即使是不能形成共识，通过开展协商实践活动，能实现了解民意的目的也是有现实意义的。从我国当前的协商民主实践来看，在大多数情况下，通过开展协商实践，参与者在讨论、沟通与交流的基础上可以就协商事项形成一致性意见，但在个别情况下，也存在参与者就协商议题不能产生协商结果或不能达成共识的现象。以温岭民主恳谈实践为例。2007年，在温岭新河镇的参与式预算试验中，出现了塘下片区人大代表愤然离席的尴尬场面，其起因则是他们与其他他区的人大代表和当地官员在能否将塘下片区提出的方案列入辩论环节中发生了重大分歧，双方就此僵持不下，因此导致了上述局面的产生。从表面上看，似乎这种分歧是源于双方对于某个环节的不认可，但从实

---

① James Bobman. *Pluralism, Complexity and Democracy*. The MIT Press, 1996, p. 89.
② 陈朋：《国家与社会合力互动下的乡村协商民主实践》，上海人民出版社2012年版，第285页。

际层面来分析,则是双方就各自利益和价值取向进行合理维护的直接体现。由此可见,要想使协商实践在最后结果上形成共识,不仅需要各参与主体持有较为一致的偏好,而且还需要各方在产生分歧的情况下能够相互做出妥协。

综上所述,如今活跃在我国乡村地区的协商民主实践已经形成了形式多样、各具特色的多种模式,这些模式为当代中国乡村地区的民主发展注入了新的活力,也体现出了基层民主发展的新转向。无论是温岭地区的"民主恳谈",还是邓州的"4+2"工作法,再或是宁波象山的"村民说事"模式、浙江余杭区的"自荐海选"模式都为我国的乡村民主发展开辟了新的发展路径,使乡村治理格局得到了深层优化。不可否认的是,虽然这些模式为其他地区民主的发展提供了许多可借鉴之处,但任何"效仿"这些协商民主实践的行为选择,都应该要以充分衡量出该地区是否拥有可以使协商实践"落地生根"的土壤条件为基础,否则这种"效仿"可能会使实践的结果毫无价值意义。

第六章 村民自治的运行现状分析

第一节 村民自治的成效简析

20世纪70年代,村民自治作为一种全新的事物在我国农村大地上应运而生,它不仅标志着中国农村社会结构的重大改革,改变了中国农村的发展面貌,还在巩固国家政权、维护农村社会稳定、使乡村结构趋于合理和完善以及巩固了党对农村社会的领导等方面起到了十分重要的作用。经过多年的实践与发展,村民自治不仅使中国找到了一个既为社会认同、又为国家鼓励和支持的民主政治发展的良好初始形式,而且取得了有目共睹的成效。

一 形成了一批层次丰富、形式多样的村民自治实践模式

目前,村民自治经过40多年的发展,已经从以自然村为基础自生自发的村民自治的第一阶段和以建制村为基础规范规制的村民自治过渡到了以在建制村之下的内生外动的村民自治[①]。村民自治第三阶段的广泛兴起,意味着村民自治本身的实现具有条件基础方面的制约,应该根据各地的实际情况去探索不同的实践形式。当然,这并不是说村民自治以后的发展方向只能定位于自然村或村民小组,与此相反,而应该在建制村、自然村和村民小组多个层面方

---

① 徐勇、赵德健:《找回自治:对村民自治有效实现形式的探索》,《华中师范大学学报》(人文社会科学版)2014年第4期。

面发展。从目前全国整体范围上看,各地在探索村民自治有效实现形式的过程已经形成了一些层次丰富、形式多样的实践模式,比如在广西、广东、江苏、湖北以及四川等地产生的议事会和党群理事会、村民理事会、组民理事会、村务监督委员会等形式。此外,以湖北省秭归县的"两级村民自治"最具代表性,它不仅为当前的村民自治有效形式的探索开辟了一条新的路径,同时还为创新农村基层社会治理体系提供了新的发展方向。具体而言,秭归县政府为创新农村基层社会治理体系,解除政府管理与村民自治"两条道"走的发展困境,开始在2011年实行保留行政村一级村民自治的同时,开始将村民自治单位下移,构成了"两级村民自治"的农村基层治理新局面。从2012年8月开始,在全县探索开展"幸福村落"创建工作,以村落为单元,以村落理事会为平台,以"两长八员"为桩脚,探索出一种"双线运行,三级架构"的基层治理新格局。从实践多年的成效看,这样的村民自治模式对促进该地区的发展起到了直接的促进作用。据统计,仅就2012年至2015年,全县以村落为单位新修田间果园公路656条、1008.39千米;维修田间果园公路2048条,7098千米;新修水渠53062千米,维修水渠743234千米;新建水池9291口、1229518立方,维修水池1966口、169683立方米,架设水管1757982米。可以说,秭归县的"两级村民自治"是对我国农村基层治理模式的直接创新,同时也引发了理论对对民主实践规模问题的重新探讨,但无论如何不能否认它的存在对村民自治有效实现形式探索的引导作用。从以上分析来看,目前我国的村民自治实践已经形成了一些较有代表性的层次丰富、形式多样的模式,这些形式为在全国范围内村民自治的有效实现提供了很好的示范作用。

二 增强了基层党组织的执政能力和组织基础

罗斯切尔德曾提出,"如何使政治体系能长期满足成员的需要和利益,也可赢得统治的合法性;同时,即使传统的政治体系完全拥有统治的合法性，但如其长久以来表现得昏庸无能，亦会慢慢蚀耗其合法性"①。具体到我国，中国共产党在各方面具有的优势力量使其成为中国农村建设的最佳领导者，同时这还是法律赋予的职责。我国《村民委员会组织法》第一章第四条明确规定："中国共产党在农村的基层组织，按照中国共产党章程进行工作，发挥领导核心作用，领导和支持村民委员会行使职权；依照宪法和法律，支持和保障村民开展自治活动、直接行使民主权利"。农村基层党组织是整个农村党建工作的起点和基础，也是整个农村基层组织配套建设的核心部分。在广泛推行村民自治制度的背景下，农村党组织应该选择哪种领导方式才既能始终保持党在农村的执政地位，又不妨碍村民自治的正常有序运转，这一直都是摆在农村基层工作者的重大现实问题。在推进农村村民自治发展的实践进程中，农村基层党的领导面临许多新矛盾与新问题，其中最突出的是村级党组织与村委会并存的"二元权力结构"，导致了党支部和村委会的"两委"矛盾，并引发了诸如基层选举、村级治理等一系列新问题。针对这些发展困境，各地基层农村党组织根据农村发展的实际情况，以村民自治为发展平台，逐步探索出青县模式、邓州模式、蕉岭模式和仪陇模式等，这些模式虽然形式各有特点、功能侧重不同，但无一例外都是依据当地的实际情况形成的村级党组织领导的村治模式，都对增强当地基层党组织的执政能力和组织基础起到了直接的推动作用。

三 促进了基层民主政治与法制的双向发展

村民自治与我国的民主政治建设有着非常密切的联系。作为民主的直接实现形式，村民自治不仅是我国政治体制改革的突破口，更是社会主义民主建设的基础性工程。村民自治使占中国绝大多数人口的农民群众能利用直接选举的形式选举出村委会成员，真正实

---

① 白钢、林广华：《论政治的合法性原理》，《天津社会科学》2002年第4期。

现了对民主政治参与与民主发展成果的共享，使广大农民真实地感受到了当家作主的地位，直接推动了农村基层民主政治的发展。在村民自治的实践过程中，广大农民通过"四个民主"的实践，从根本上提升了村民们的民主意识和民主能力，并在实践中逐步推动了村民自治内容和形式方面的丰富、发展与完善，为社会主义民主的政治建设提供了直接的民主技术、民主经验与民主制度，对我国基层民主政治的建设起到了积极的促进作用。政治与法制作为相辅相成、兴衰与共的统一体，政治发展越文明，对法制的要求也越高，而法制越进步，对政治的支持也越有力。由此可见，二者是相依相存、相互影响的统一体。从历史的角度看，中国广大农村地区一直存在文化素质相对较低、法律意识淡薄，不懂法、不守法的现象，违法行为也是普遍存在，这都是由当时的社会环境条件不利与民主建设不足所决定的。而村民自治制度在广大农村地区的实施，使村民们通过民主选举的途径直接选举出村委会，使其从根本上具有了合法性基础，而村委会能将国家的政策、法律法规在农村地区大力推广与贯彻，使村民们对国家的政策方针有较为直观与深入的了解，这不仅会内化于村民们的日常生活行为中，还为推动农村法治进程建设提供了根本动力。而村民自治章程、村规民约作为规范与约束村民们的行为规范，能将国家的法律政策进一步地细化与具体化，也能从根本上提高村民们的法制意识，增强村民们民主政治参与的热情与积极性，推动农村基层民主法制建设的发展。

四 使乡村治理结构逐渐趋于合理和完善

村民自治作为改革开放以来出现的新生事物，既是当代基层民主政治建设和法制建设中的全新标志，也是农村社会发展的内生需求与国家支持、推动等双向合力产生的结果，同时还是一个涉及政治、经济、文化与社会等多方面的综合性概念。它的推行不仅带来了中国基层民主政治的发展变化，还使中国乡村治理形成了"乡镇政权与村民自治"的"乡政村治"模式即国家基层政权设立在乡镇一级，在乡镇以下的村则建立村民委员会，实行村民自治。

而从考察中国乡村治理的制度变迁可以得知，与中国乡村社会经历和正在经历着从"散""统""分"到"合"的四大社会阶段相对应，其乡村治理结构也发生了深刻的转变。具体来讲，从以"散"为主要特点的古代农业社会，到以"统"为主要特征的人民公社时期，以至到以"分"为其主要标志的农村改革时期，最后到以"合"为主要特点的当今，可以说，我国的乡村治理结构也经历了从分化到整合的深刻历史变迁[①]。进入20世纪七八十年代，中国村民自治带着一种全新的民主理念在中国农村地区破土而生，使中国的乡村治理模式发生了历史性变革，进入了上面所提到的第三阶段即"乡政村治"模式。在这种"乡政村治"的乡村治理模式下，乡镇政府的政务与乡村事务相互独立、互不干涉，使乡村治理进入了一种相对理想状态，这种模式使广大农民群众可以真正感受到民主带给自己的好处，更使中国乡村地区迸发出一种民主的"现实之光"，为中国农村基层民主发展奠定了坚实的现实基础。虽有学者认为，"通过多年的治理实践来看，实际运行中的村治与乡政，主要表现为合流与冲突的关系，并且村治与乡政的合流最终占据主导地位，使村民自治正在逐步丧失其本有的自治意义，在很大程度上衰变为'乡政'的统治"[②]，但无论是学者们设想的县政—乡派—村治、乡派镇治、乡派镇政的"理想村民自治"的乡村治理模式，还是乡镇自治、乡治—村治—社有的"批判村民自治"的乡村治理模式，都存在或多或少的缺陷，要么不太具有可操作性，要么容易陷入制度化的陷阱难以自拔。因此，究竟实行一种什么样的乡村治理模式，才能实现基层政权与农村治权的良性互动，以达到村民自治的"理想运作"状态，是目前迫切需要解决

[①] 徐勇：《县政、乡派、村治：乡村治理的结构性转换》，《江苏社会科学》2002年第2期。

[②] 蔺雪春：《当代中国村民自治以来的乡村治理模式研究述评》，《中国农村观察》2006年第1期。

的议题之一。但不能否定的是，尽管当前我国农村地区实行的村民自治存在这样或那样的问题，乡村治理模式也还没有达到一种理想状态，但村民自治的产生和发展却使乡村治理形式和结构逐步趋于合理和完善，这也为日后建立更加合理的乡村治理模式打下了坚实的现实基础。

五 维护了农村社会的稳定

美国著名政治学家亨廷顿曾指出，现代性孕育着稳定，而现代化过程却又滋生着动乱；对于正处在现代化进程中的国家而言，农村存在着很大的变数：要么成为稳定的基石，要么则是动乱的根源[①]。同时，党的十七大报告也指出，"社会稳定是人民群众的共同心愿，是改革发展的重要前提"。具体来说，农村社会的稳定是关系到国家能否实现持续发展的基础性条件，同时也对新农村建设的进程具有很现实的影响力。农村社会稳定关乎改革发展的大局，如何建立和完善实现农村社会稳定的有效机制，不仅是实现农村地区稳定发展的基础条件，还是能否实现国家长治久安的决定性因素。

当前，中国社会正处于现代社会的重要转型期，并表现在政治和经济体制深刻变革、社会结构深刻变动、利益格局不断调整以及思想观念多样化等诸方面。与此同时，中国的农村社会也经历了深刻的社会变迁，广大农民的政治权利、经济实力、道德观念和行为模式也发生了前所未有的变化，如何使农村在社会转型期实现稳定发展则成为了摆在人们面前的现实问题。村民自治作为改革开放后产生的新事物，它最初是缘于人民公社体制解体后，为了应对因农村的治理结构无力而导致了农村社会的不稳定而建立的，使广大村民通过"三个自我"的方式走上了基层民主之路。如今，村民自治经过40多年的实践，证明了它并没有像有些学者所预言的"在缺乏

---

① [美]塞缪尔·亨廷顿：《变化社会中的政治秩序》，王冠华、刘为译，上海人民出版社2008年版，第31页。

民主传统的农村地区实行村民自治是一件极其冒险的事情"一样，反而有力地促进和维护了农村社会的稳定与发展。而从理论与实践的双重层面来考察，村民自治之所以能有力促进农村社会的稳定和发展，根本原因在于它形成了以"四个民主"为主要内容的内在激励机制，并在增强农村资源动员能力、减少村民的非制度化参与、对村干部的不良行为构成威慑以及有效抑制乡镇政府过度提取农村社会资源等方面起到了直接的作用。除此之外，"民主选举、民主决策、民主管理和民主监督"四大方面的民主实践，还从根本上激发了广大村民的参与意识、自主意识与竞争意识，在这些现代观念意识的合力作用下，农村社会逐渐迸发出一些实现农村稳定发展的有利因素，为构建稳定的农村社会提供了有力的保障。

第二节 村民自治运行存在的突出问题分析

村民自治作为基层民主的重要内容之一，自从被写入1982年宪法之后，一直在荣誉与困境交叉、成绩与问题相伴的道路上艰难前行。不可否认，村民自治经过三十几年的实践发展，已经取得了令人瞩目的成就，为我国社会主义民主建设提供了良好的基础。我国《2013年民政工作报告》显示，在村委会换届选举方面，北京、天津、河北、内蒙古以及辽宁等16个省份修订了《村民委员会组织法》实施办法，北京、天津、河北、山西、辽宁、吉林以及浙江等18个省份修订了村民委员会选举办法。2013年，北京、辽宁、吉林、江苏、浙江以及海南等12个省份开展了村委会换届选举工作。同时，《2014年民政工作报告》显示，2014年，在我国开展村委会换届选举的14个省份中98%以上的村委会实行了直接选举，村民平均参选率也达到了96%以上①。这些数据不仅是村民

---

① http：//mzzt.mca.gov.cn/article/qgmzgzsphy2015/gzbg/201412/20141200748867.shtml.

自治活动开展情况的直观反映，还是对我国农村地区多年来实施村民自治制度的高度认可。

从总体上看，我国目前的村民自治已经基本形成了制度体系完备、形式更加丰富与多样、机制不断得到更新的良好局面。然而，在面对城市化进程不断加快、农村地区利益格局不断调整以及农民思想观念进一步解放的社会背景下，村民自治制度经常会显得力不从心，陷入诸多现实困境之中，这在很大程度上制约了当前基层民主政治发展的深入发展。主要体现在以下几大方面：

一　民主选举表面化

村委会选举作为村民自治的基础和重要内容，村民自治权能否实现以及实现程度如何，一个关键因素在于村民选举权能否真正落实。自1987年我国农村第一部自治大法《村民委员会组织法》试行以来，村委会直选便成了农村日常生活中的重要话题。经过多年的实践发展，我国农村村委会选举工作日益走上了制度化、法制化以及规范化的轨道，并取得了很大的成效，对促进农村政治稳定、经济发展以及全面进步等方面都产生了十分重要的影响。其中，有些农村地区还在村委会选举方面实现了机制创新，为顺利实现村委会换届选举打好了基础。纵观这些年村委会选举走过的发展历程，客观地讲，这一工作确实取得了不少成就，但对此不能盲目乐观、估计过高，要清醒地认识到在村委会选举工作中还存在着许多不容忽视的问题。

第一，选举程序不规范，任意性明显。

广大村民对村民自治中民主选举权的行使在程序上使农村基层民主更加丰富与饱满，由此体现了村民自治和民主选举的双重本质。目前，虽然我国《村民委员会组织法》的第三章对村委会选举程序作了相关规定，但有些条款的规定却显得过于粗糙和简略，比如其中的第十五条提到，"具体选举办法由省、自治区、直辖市的人民代表大会常务委员会规定"。这一提法使得全国各地的村委会选举法规存在很大的差异,在实践中的做法更是大相径庭。在具体的实践过程中,村委会选举过程存在选举程序不规范、随意操作的现象,使得民主选举的实践与制度设计初衷相去甚远。比如,个别地方打着"追求民主效率"的旗号,擅自省略掉甚至篡改民主选举的部分程序;有的地方在确定候选人的环节时不按法定程序实行海选、预选;还有的地方对村民会议提出的候选人名单进行随意操控,在选举过程中采取不正当手段威胁村民投票甚至篡改选举结果。

第二,人为干预因素妨害了村民选举权的行使。

村委会选举标志着农村公共权力结构的一种授权机制的创新以及对其相关规则和程序的正式确定,它不仅冲击和变革了农村过去的政治结构,还是将现代民主和法治精神引入农村社会的一种新尝试。然而,当前在开展村委会选举活动的过程中,一些人为因素的干预却妨害了村民行使选举权,造成了广大选民对选举结果的怀疑与不认同,由此导致其它"三个民主"环节的非程序化运行。比如,2012年1月10日,河北省滦平县小营乡某村在开展村民委员会换届选举活动时,在其中的"唱票"环节,候选人张某某发现自己的票数少于其他候选人,便擅自跑上统计台阻止"唱票",并用板擦擦掉黑板上的"正"字①。以上这种因村委会换届选举得票不高而试图破坏选举的行为,不仅对村委会选举工作的正常开展产生了不利影响,更进一步妨害了广大村民选举权的正常行使。

第三,贿选现象屡禁不止。

目前,村委会选举已经成为实现农村基层民主的重要形式,它从根本上调动了广大村民政治参与的积极性,为村民自治的全面实现提供了良好的开端,但也为村级候选领导人之间的激烈竞争埋下了种子。自从实行村委会选举以来,贿选就成为实现村民自治有效发展的制约因素之一,而且呈现不断蔓延的趋势,成为当今农村基

---

① http://cmzz.mca.gov.cn/article/cjxj/xjkb/201203/20120300285175.shtml.

层民主建设中的一个突出问题。比如最近引起人们热议的闽清两村贿选事件,2012年8月1日,上莲乡莲埔村召开村全体党员会议选举2012至2015届村党支部委员,并在选举产生的方某X、方某Y、方某Z 3名委员中选举产生支部书记,由于方某Y弃权,方某X和方某Z 2人的选票是1比1,无法确定当选人。8月2日,方某Z收到方某X托人送来的1万元现金后同意退出竞选。8月3日,方某Z、方某Y、方某X一致推选方某X为莲埔村党支部书记①。可以说,诸如此类的案例多不胜举,自从实施村委会选举活动以来,贿选一直都是村委会选举中的一个普遍现象,贿选事件屡禁不止,而因贿选发生的纠纷也不断产生,这不仅使民主选举的部分功能丧失,还阻碍了村民自治的健康发展。

二 民主决策形式化

民主决策作为我国村民自治制度中的核心组成部分,是村民自治的集中体现和重要环节,同时也是我国广大村民行使自治权的内在要求和前提。具体来讲,村级民主决策是指农村基层党组织和村民委员会依照党的政策和相关法律法规,将与广大村民利益相关的重大事情和共同关心的热点问题诸如村集体经济项目的承包方案等,提交到村民会议或者村民代表会议上进行讨论,最后按照多数村民的意见作出决策的过程。然而,在目前村民自治的实践过程中,个别地方却存在村级民主决策在实际操作过程中有失程序性或决策产生的结果并不具备事实上的公正性等一系列问题,大大挫伤了村民的民主参与热情和积极性,如果不加以遏止和处理,会对村民自治制度甚至整个农村民主发展产生不良的影响。

第一,村民会议或村民代表会议的形式化。

村民会议制度和村民代表会议制度作为村民民主决策的两大主要形式,自产生以来就受到广大村民的支持与信赖,同时还从根本

---

① 《福州晚报》2015年5月14日。

上调动了村民参与本村事务管理的主动性与积极性。然而，由于村民会议制度在全国范围内一直存在人员难以到齐、集聚场地不足等难以召开的问题，使村民代表会议作为村民会议的常设机关应运而生，并在村民会议闭会期间代行村民会议的部分职权，从而从较大程度上保证了村民参与民主决策的真实性与公正性。但在个别地区村民自治的实践过程中，却存在村民会议或村民代表会议很少召开或基本不召开、村民参与民主决策过程受限等民主决策形式化等问题。例如，《中国的村级组织与村庄治理》中通过分析来自江苏、辽宁等6个省份的调查报告显示，将近40%的村民没有参加过村民会议或村民代表会议；完全通过行使民主决策权力决定村庄事务的村民数量只占到11%；而在行使民主决策权力的过程中完全能够体现个人意志的村民数量也仅有20%①。

第二，民主决策产生的结果有失公正性。

如前所述，在村民会议和村民代表会议呈现形式化的情形下，通过民主决策产生的结果也会有失公正性，而当前由农村集体土地征收费的分配引发的一系列矛盾可以较真实地反映出这一问题。目前，随着我国农村地区城市化进程的加快和市场经济的进一步发展，在城乡交错地带的农村集体土地也出现了大量被征收的情况，然而在整个征收过程中却引发了一系列村民与村委会组织之间的冲突与矛盾，相关审诉与诉讼的案件不断，但面对此类案件的处理却因缺乏相关法律依据，在处理过程中更多地加入了主观成分，往往随意性较大，使得处理结果总是不能合村民满意，由此导致了大量上访事件发生。根据我国《村民委员会组织法》第四章第二十四条规定，"征收补偿费的使用、分配方案应经村民会议讨论决定方可办理"。在实践过程中，由村民会议或村民代表会议决定的农村集体土地分配方案，如果分配依据是能够完全体现全体村民的一致

---

① 冯兴元：《中国的村级组织与村庄治理》，中国社会出版社2009年版，第373、374、382页。

意见，那么此种决策结果具有公正性就是毫无疑义的；如果分配依据不能代表全体村民的意志，出现了手持决定权的群体为了实现自身利益而操纵、挤压甚至剥夺村民利益的现象，由此产生的决策结果就会有失公正性。

三 民主管理矛盾突出

民主管理是指村党组织和村民委员会依据相关法律法规和党的方针政策的，并与本地的实际情况相结合，组织全体村民共同讨论和制定村民自治章程、村规民约以及村民会议和村民代表会议议事规则等，并将村干部的职责与分工、村民的权利与义务进行明确规定，增强村民自我管理、自我教育和自我服务的能力的过程。20世纪80年代以来，我国颁布了一系列关于村民自治的法律条规，各农村地区为实现积极有效的民主管理，探索了多种民主管理模式，并取得了不小的成效。然而不容忽视的是，一些地方的民主管理过程却与实际预期存在较大差距，严重损害了村民自治本应有的合法性、民主性以及科学性，并产生了一些新矛盾和新问题。

第一，村民自治章程执行或监督不力。

村民自治章程作为村级民主管理的基本行为规范，为实现村民自我教育、自我管理以及自我服务提供了重要制度保障，在推进村民自治持续发展方面起到了十分重要的作用。然而，个别地区的村民自治章程却在制定、修改、执行以及监督方面出现了一些问题，对村民自治的健康发展构成了威胁。比如，有些村民自治章程的制定和公布由少数几个人操纵；有些章程中的条款与国家相关法律法规相违背以及某些条款本身或在执行过程中就无形中侵犯了村民个体的权利等。以上这些问题的存在不仅对实现村民自身权利构成了障碍，还影响了村民自治本身的健康有序发展，因而有必要建立起一套集民主化、合法化以及现代化于一体的村民自治章程体系。

第二，村民对村务公开和村庄财务管理的满意度不高。

村务公开和村庄财务管理作为衡量村委会管理工作是否有效的

重要指标，对实现村级民主管理起到了直接作用，也是村民自治制度不断完善的重要特征之一。对此，有学者曾对广西、湖北、浙江、江苏、重庆以及辽宁的村务公开和村庄财务管理做过具体调查，数据显示有14.2%的村民表示"很满意"，40.4%的村民表示"满意"，23.6%的村民表示"不满意"，5.6%的村民表示"很不满意"，还有16.2%的村民回答"不知道"（见表6—21）。由上可见，村民对村委会这两项工作的满意率不高，有接近半数的村民表达了自己的不满和冷漠情绪，认为村委会有待加强此方面的工作。

表6—21　　村民对村务公开和村庄财务管理的满意程度

省（市、自治区）	您对本村的村务公开和村庄财务管理是否满意													
	很满意		满意		不满意		很不满意		不知道		未回答		合计	
	计数	占比	计数	占比	计数	占比	计数	占比	计数	占比	计数	占比	计数	有效计数	占比
广西	10	11.8	45	52.9	10	11.8	0	0.0	20	23.5	1	0	86	85	100
湖北	8	4.6	44	25.4	71	41.0	19	11.0	31	17.9	4	0	177	173	100
江苏	28	15.6	103	57.5	17	9.5	3	1.7	28	15.6	2	0	181	179	100
辽宁	50	41.3	43	35.5	18	14.9	10	8.3	0	0.0	22	0	143	121	100
浙江	24	13.0	74	40.2	50	27.2	6	3.3	30	16.3	4	0	188	184	100
重庆	6	4.1	51	34.5	44	29.7	12	8.1	35	23.6	14	0	162	148	100
合计	126	14.2	360	40.4	210	23.6	50	5.6	144	16.2	47	0	937	890	100

第三，村干部工作作风趋向形式化和虚化。

从总体上说，村民对村干部的工作作风和领导能力的认可程度与能否实现村级民主管理有着直接联系。从传统社会的角度分析，我国大部分村民都对村干部有着较为强烈的依赖意识，这从某种程度上来说有利于促进村民自治的健康发展。然而，由于受地方政府的影响，有些地区村干部的工作作风呈被动虚化的状态，形式主义也悄然兴起，导致村民对村干部工作作风和领导能力不认可现象的产生。其中，最具代表性的是村干部为了突显村庄建设的成果，往往采取滥"贴板子"的方式,而这些板子的最大价值在于它能用以应对地方政府对村庄建设成效的考核。事实上,这些"板子"上的具体内容村民也从不关心,更不会主动去看,更与具体的民主管理工作关系不大。久而久之,村干部在这种"形式风"的吹捧和影响下,其工作作风呈现出日益形式化和虚化的趋向,这不仅对村民自治建设本身带来了危害,还使村民对村干部的工作作风和领导能力产生怀疑,继而阻碍了民主管理工作的有效进行。

四 民主监督不到位

2012年,中央纪委、中央组织部以及民政部等十二部委联合下发了《关于进一步加强村级民主监督工作的意见》,明确了加强村级民主监督工作的具体要求,为促进农村基层党风廉政建设、加强农村基层社会管理和维护农村社会稳定提供了建设性的程序指导。民主监督作为村民自治中的重要环节,其主要功能在于通过对村庄公共权力运行进行有效控制和约束,防止个别利益侵害村民利益的事件发生,继而使村庄治理秩序达到稳中有序的良好状态。然而,在民主监督的实际运行中却存在着若干问题,表现为"虚监督"和"软监督",具体体现为以下几个方面。

第一,村务公开难。

村务公开作为村级民主监督的主要内容之一,是农民群众评判村干部政风的重要标准,也是加强农村基层民主政治建设的基础性工程。不可否认,一些农村地区经过多年的民主实践,创造了许多推进村务公开制度的好办法,丰富了村务公开的形式,取得了不小的成效。然而,近年来发生的多个案例表明,在村干部工作作风异化、多元主体介入与惩罚机制不完善的影响下,村务公开仍然存在实施不够均衡、公开过程不够程序化、公开内容效度不高以及监督不力等情况[①]。

---

① 程同顺、赵学强:《村务公开的路径障碍与制度改进——兼评新〈村民委员会组织法〉的修改》,《政治与法律》2013年第4期。

第二，广大村民的民主监督意识较弱。

农民群众作为民主监督的实践主体，理应对民主监督表现出较高的主动性和积极性，充分发挥其监督职能。在农村民主监督运行过程中，村民代表大会、村民会议、民主评议以及罢免村干部本是广大村民监督村干部的重要方式，但在实践中，受多种因素的共同影响，村民并没有表现出太大的热情，甚至抱着"事不关己"的态度，很少通过这些方式来表达自己的真实想法，不能主动行使法律赋予的监督权利。具体来看，一是在一些经济欠发达的农村地区，由于经济利益驱动不足，导致村民缺乏监督动力，村民关心更多的是自己的生计问题，对村委会工作表现出冷漠的政治态度，不愿意监督，用农民的话说就是没有那么多时间去监督当官的行为。二是在我国农村人口中文盲、半文盲和小学文化程度的比例仍然占很大的比重。大部分村民文化素质不高，受教育水平有限，对党和国家的政策了解不是很多，不能正确理解民主的内涵和实质，导致很多村民即使有民主监督意识，也不知道如何通过正当渠道来行使自己的监督权利，严重阻碍了我国农村民主监督的正常发展。三是农村现行的家庭联产承包责任制制度，则在一定程度上冲淡了村民的集体意识，人们习惯于只顾自家生产而不愿组织起来参与村里的集体活动，普遍存在"搭便车"的心理。四是作为被监督者的村干部势力过于庞大，出于对村干部权力的畏惧，一些村民抱着"多一事不如少一事"的态度，不敢也不愿出头监督村干部，最终造成了村民民主监督意识薄弱，阻碍了基层民主的进一步发展。

第三，民主监督机构缺失或流于形式。

村务监督委员会制度是指"在原有村级组织基础上，增设村务监督委员会，作为村级民主监督机构，依据村务管理制度和村务监督制度，对制度执行和村务决策、管理等实施监督"。在我国现行的《村民委员会组织法》第五章第三十二条对村务监督委员会做了相应地规定：村应当建立村务监督委员会或者其他形式的村务监督机构，负责村民民主理财，监督村务公开等制度的落实。至此，村务监督委员会被正式赋予了法律和制度意义上的监督权利。据统计，截至2012年，在全国范围内实施村务监督委员会制度的省份并不多，除浙江、陕西基本覆盖外，大部分省份仍然处于探索实施阶段。而在设立了村务监督机构的农村地区，监督小组成员虽然被赋予了监督权利，却由于受人际圈、宗派势力等的影响，在现实运作过程中常常表现出"力不从心"的一面，实际效能与理想效能相差甚远，出现制度文本的偏离。因此，在全国范围内普遍设立村务监督机构以及提高其效能是推进村级民主治理有序进行的关键之一。

五 村民自治权的"异化"

村民自治权作为村民自治的核心，是指村民个体在法律规定范围内行使的对所在村庄公共事务进行民主参与、民主管理、民主决策以及民主监督等一系列排除其它公权力进行干涉的自治权利。从本质上讲，村民自治权属于个人自由的范畴，是每个村民个体都应该享有的权利。换言之，这一权利能否行使、怎样行使，都由村民个人说了算，不受其他任何人和组织干涉。然而，在政府体制、农村经济、地方文化以及其他因素等的影响下，村民自治权逐渐出现了异化现象，主要表现在乡镇政府、村党组织越位侵权；政府意志肆意干涉民主选举；行政命令取代民主决策；越位干涉村务民主管理和民主监督等方面，这些都严重制约和阻碍了村民自治的健康发展。

第一，乡镇干部存在权力越位、权力混乱现象。

《村民委员会组织法》第五条规定："乡、民族乡、镇的人民政府对村民委员会的工作给予指导、支持和帮助，但是不得干预依法属于村民自治范围内的事项。村民委员会协助乡、民族乡、镇的人民政府开展工作"。从理论上讲，乡镇政府是国家行政权力的基础和末梢，而村民自治的组织机构则不带有国家政权的性质，二者之间不再是上下级的命令与服从关系。乡镇政府对于村民委员会的工作只能是"指导、支持与帮助",而村民委员会则要"协助"乡镇政府工作。因此,作为农村基层的村庄是国家政权无法到达的地方。然而,在村民自治的实践过程中,有些地方的乡镇政府仍然肆意干涉村民委员会的具体工作,表现为乡镇干部权力越位现象。比如,乡镇政府通过各种手段操纵村民委员会选举,促使"内部人"当选;通过实行"村财乡管",加强对村级财务的控制;以"指导"名义干预村级治理工作等,出现"过度行政化"的倾向,严重影响了村民自治的正常发展。

第二,"两委相争"导致的村民自治权"异化"。

有国外学者认为,对于有着共同目标的不同组织而言,如果二者在职能和权限两方面没有重合点,那么它们可以在各自不同的逻辑轨道上运行下去,并且不会产生冲突;如果二者在职能、权限以及管理对象等方面没有给出具体的划分,存在管理中的"重合领域",而这些"重合领域"就会为不同组织之间产生矛盾和冲突埋下"冲突点"。具体到村民自治来说,按照《中国共产党基层组织工作条例》的规定,村支部的主要职责是讨论和决定本村经济建设和社会发展中的重大问题,而现行的《村民委员会组织法》却规定,涉及村民利益的村中大事应当由村民通过相关组织进行讨论决定方可办理。然而,无论是"重大问题",还是"村中大事"都没有明确的衡量标准,这为村民自治在村委会与村党支部关系失衡的状态下出现权力异化现象埋下了"冲突点",并表现出两种倾向:一是有的村委会认为村民自治就是村委会说了算,把自治与党组织的政治领导对立起来;二是村党委书记认为自己既是农村最高领导者又是最高管理者,理应一个人说了算,"里里外外一把手",致使两委关系紧张,双方矛盾激化。在这两种情形下,村委会和村党委表现为权力交错、监督错位的现象,比如村委会曲解自治的内涵,错误地把自治当成"独管",过度自治,党组织对村委会工作不甚了解,根本无法发挥其监督功能;村党组织假借"监督"名义包办村里的具体事务，致使村委会的自治功能弱化；村两委各自为政、互不相让、争权夺利，使得村级组织陷入了近乎瘫痪的状态。

第三节　村民自治运行存在问题的成因分析

自《村民委员会组织法》正式实施至今，村民自治实践取得了有目共睹的成就，广大村民的自治权得到了很大程度的实现和落实，从根本上推动了农村基层民主的发展。然而，当村民自治制度导入乡村社会之日起，就必然会受到来自固有的政治、经济与文化等因素的影响，在村民自治动态的实践过程中出现不同于当初设计样板下的多种发展模式即"实践的增量"，并导致出现一系列的新问题和新挑战。如前所述，面对这些客观问题，我们不能选择逃避和退缩，而只能选择正视和面对。因此，如何准确分析产生这些问题的深刻根源，不仅能为目前的村民自治实践产生直接的现实意义，同时还为村民自治最终目标的实现提供有力保障。

一　制度供给不足

美国著名的经济学家道格拉斯·诺斯曾提出，"制度是一个社会中的一些游戏规则，或者，更正式地说，制度是人类设计出来调节人类相互关系的一些约束条件。"[①] 从理论上分析，无论哪种成文制度的推行都属于制度变迁的范畴，并且这种制度变迁不仅本身会存在不合理的方面，而且还会与原先的制度安排产生一定的摩擦与碰撞，出现一系列制度偏离的现象。众所周知，村民自治既是广大农民的伟大创造，也是国家支持和推动的一大产物。而作为一项农村基层民主试验，村民自治的发展从来都不可能是一个按照预先

---

① ［美］道格拉斯·诺斯、罗伯特·托马斯：《西方世界的兴起》，历以平等译，华夏出版社1989年版，第1页。

设定的制度安排自动实现并达到预期效果的过程，而一定会是在面临多重复杂环境中艰难前行的过程。因此，就村民自治制度而言，如果与当初的制度设计目标相较，以是否有利于实现农村基层民主发展、是否有利于农村社会稳定以及是否有利于实现农村社会和谐等为价值标准进行分析与判断的话，如今的村民自治实践确实出现了制度偏离现象，并表现在村民自治权异化、乡村关系与两委关系的"形变"以及后选举时代的民主管理、民主决策以及民主监督的虚置化等方面。而这一系列制度偏离现象的产生，不仅与村民自治本身的实践发展联系紧密，更与村民自治本身的制度安排等不无关联。

（一）村民自治制度的可操作性受限

村民自治权利的真正实现，必须以程序性作为其保障性前提。就目前村民自治的制度设计而言，对其程序性的相关规定较为粗略、弹性较大，甚至在个别方面缺失，导致出现可操作性受限的现象。比如《村民委员会组织法》第一章第五条规定，"乡、民族乡、镇的人民政府对村民委员会的工作给予指导、支持和帮助，但是不得干预依法属于村民自治范围内的事项"。其中，乡镇政府如何对村委会工作进行指导、支持和帮助，具体的工作安排有哪些以及如果出现乡镇政府干涉村民自治范围内的事务该如何处置等都没有明确规定，导致乡镇政府获得了很大的衡量权，为越位侵权现象的产生提供了可能性。

（二）相关法律法规的不完善

如果说村民自治是一种制度或者已经形成一种制度体系的话，那《村民委员会组织法》作为其核心法律依据，则成为了村民自治这种制度形式的集中体现。通过前面分析村民自治问题可以得知，现行的《村民委员会组织法》与村民自治的制度安排无法完全一致，也是《村民委员会组织法》自身存在的缺陷与不完善是引发村民自治陷入种种困境的重要因素之一。正如有学者所言，"村民自治一开始就是在村民委员会的名义下进行的，从试行法到正式法，一直存在着立法宗旨与立法条文、名称在事实上的背离。"① 具体来讲，我国现行的《村民委员会组织法》存在以下问题，比如法律的具体规定不够完善、法律名称与其内容的背离、法律自身结构的不合理以及法律保障机制缺失等。

二　体制不顺突出

20世纪80年代实行的改革开放虽然使中国提出和建立了社会主义市场经济体制，从根本上解决了过去计划经济体制下存在的种种弊端。但从根本上说，中国目前的政治体制还存在许多需要调整和完善的地方，其中以政府运作系统中的压力型体制最为突出。压力型体制最初是由荣敬本等人提出的。具体而言，所谓压力型体制指的是各级地方党政组织为了经济赶超和其它目标的实现，采取任务数量化分解和高度物质化奖惩的一整套管理手段和方法。而为了顺利实现这些目标与指标，地方各级政治组织将这些目标与指标通过层层分解的方式，分配至下级组织与个人，并规定在指定时间内完成，最后通过完成结果的情况进行政治和经济上的奖惩。从以上概念分析中可以得知，其实各级组织就是在这种奖惩的评价体系压力下运行的。具体到乡镇政府一级，同样也离不开压力型体制对其带来的现实影响，同时这也构成了目前我国"乡政村治"的政治模式。

（一）村民自治是在压力型体制的政治环境中产生和运行的

1978年，以党的十一届三中全会召开为标志，我国正式走上了改革开放的道路，而我党也把工作重心转移到经济工作上来。此后，建立和完善社会主义市场经济体制作为国家经济体制改革中的一项重要目标逐步提上日程。从十一届六中全会到十四大，在经济体制改革方面国家一直围绕"从计划经济向市场经济过渡"的总目标进行设计和规划。这一时期的整个国家经济状态也构成了压力

---

① 唐鸣：《关于完善村民自治法律体系的两个基本问题》，《法商研究》2006年第2期。

型体制的经济基础。可以说，压力型体制是从计划经济体制向市场经济体制转变的过程中产生并发展起来的。而村民自治的产生又与压力型体制的形成基本属于同一时期，这也就意味着村民自治的出现与发展是在压力型体制的政治环境中运作的。具体而言，在整个压力型体制的运作过程中，乡镇政府作为国家政权体系中的末端一级，受到来自上级政府行政命令式的指标与任务的压力，而为了保质保量地完成这些指标，尤其是由农民负担的相关任务，如计划生育、粮食生产以及文化教育等，乡镇干部必然会加大对村级组织的控制与影响，甚至会使用行政命令的方式对其进行强有力的渗透。如此，必然会引发乡镇政府与村委会之间的矛盾，要不使村委会成为准政权组织，要不使二者之间的矛盾升级难以有效发挥自己的职能，不利于实现农村地区的稳定发展。

（二）压力型体制导致村民自治建设向"非均衡状态"发展

在压力型体制下，乡镇政府受到来自上级政府行政命令式的任务与指标，并且没有任何商量和讨价还价的地步，而为了实现经济超越战略，这些任务与指标大部分都是以经济建设为中心，导致各地区出现了在政治、经济与文化等方面的"非均衡发展"状态。其中以村民示范活动的例子最为典型。1990年9月26日，国家民政部下发了《关于在全国农村开展村民自治示范活动的通知》，该通知指出示范活动是深入贯彻《村民委员会组织法（试行）》的有效措施，在全国范围内开展村民自治示范活动，对于统一思想认识、积累村民自治经验，推进《村民委员会组织法》的深入贯彻落实具有重要意义。从1991年开始，村民自治示范活动在全国范围内逐渐普及。截止到1995年，全国被确定为示范乡镇的有3917个，示范村有82266个，分别约占全国乡镇、村总数的12%和10%①。尽管村民

---

① 多吉才让：《进一步完善村民自治制度，把全国村民委员会建设工作推向新的阶段》，在全国村民自治示范工作经验交流暨城乡先进集体和先进个人表彰会议上的报告，1995年11月20日。

自治示范活动取得了一定的成效，对村级组织建设、经济发展、制度建立和村干部素质提高起到了直接的推动和促进作用，但也出现了不少问题，其中以重经济指标轻文化教育发展最为突出。纵观全国各省的村民自治模范村的现实情况，大部分是以经济发达作为核心要素。简直之，经济不发达的村庄是没有机会评为模范村的。据学者们调查，许多被评为"示范村"的村庄主要表现在经济发展突出的方面，而关于村民是否实现了或者在多大程度上实现了自我教育、自我管理以及自我服务方面却表现并不明显，以上结论说明这一时期的村民自治达标示范活动的主要特征是偏经济建设轻思想文化建设，这与村民自治制度的设计初衷相差甚远，也从根本上违背了农村民主建设的宗旨。因此，在压力型体制的影响和渗透下，村民自治建设的主要内容出现了"非均衡发展"即重经济建设轻思想文化建设的状态，而经济发达的这些地区从表面上减少了许多对完成来自乡镇政府指标的困难，缓和了乡镇政府与村委会之间的矛盾，但它们在为村庄带来机遇的同时，也带来了在其维护村庄政治稳定方面的危机感。

三 文化制约明显

文化作为一个对国家、民族或地区历史发展的全面反映，它不仅贯穿于整个社会历史和人类文明发展的过程中，还深刻影响和制约了政治文明的诸多方面，更成为当今推动政治民主建设的重要影响力。正如一位美国学者所言，"如果一个国家的人民缺乏一种能赋予这些制度以真实生命力的广泛的现代心理基础，如果执行和运用着这些现代制度的人，自身还没有从心理、思想、态度和行为方式上都经历一个向现代化的转变，失败和畸形发展的悲剧结局是不可避免的"[1]。如果说制度是十分重要的，那么民众是否有认同和

---

[1] [美]阿历克斯·英格尔斯：《人的现代化》，殷陆君译，四川人民出版社1985年版，第4版。

支撑制度的意识对于制度目标的实现就更加重要。鉴于此,有国内学者提到,"在我国的村民自治制度的设计上,观念问题是我们首先要解决的一个问题"①。

(一)对中国传统文化资源的挖掘不够

目前,人们在强调传统文化对村民自治的影响时,大多都站在其带来负面性的立场上,认为中国传统文化提倡的思想理念与当今中国所强调的现代民主精神是不一致的,甚至存在许多不相容的地方,严重影响了如今村民自治的实践发展。比如,有学者就提出,"儒家'天人合一'思想,强化了民众的依附心理,使村民无法真正代表自己;儒家文化强调以血缘的亲疏远近为依据的人伦思想,阻碍了村委会依法运行;儒家重家轻商的思想,深化了小农意识,使村民自治缺乏足够的动力,儒家思想的实用性特点,容易忽视理性思考,使村民自治推行缺乏必要的启蒙。"② 固然,把这种观点放在村民自治的大背景下进行探究会存在很多合理的地方,但任何事物的存在和发展都有其合理的成分,如果一味地放大甚至否定中国传统文化对村民自治影响的负面性,必然会带来一系列有悖伦理道理的现象。中国传统文化中的"天人合一""重德治和互助合作"以及"重守信"等理念,都存在许多值得开发的地方。如果将中国传统文化之精华与现代民主精神相结合,并对其进行合理的整合与重建,势必会为推动村民自治的发展提供很好的文化基础。

(二)村民对自身权利的认知淡薄

无论哪种制度,要想在实际运行中最大程度地实现制度目标,必须要以得到民众的普遍认知与认同为前提。众所周知,人们观念上的不重视,会导致其行为上的滞后、不主动、不积极以及不作为等。就目前的村民自治而言,之所以会出现村民选举的积极性不

---

① 魏健馨:《我国村民自治面临的现实困境》,《广州商学院学报》2007年第1期。
② 邓辉:《从儒家文化看村民自治的困境》,《昌吉学院学报》2003年第3期。

强、村委会工作不到位以及贿选现象普遍等，在很大程度上是村民对自身权利的认知淡薄所致。因此，如何使村民形成一种对自身权利有着足够的重视与关注尤为重要。同时，也只有这样才能在农村社会中形成一种有利于实现村民自治权的民主氛围，使村民从根本上认识到村民自治权是国家赋予自己的一项基本权利，而不仅仅是将认识停留在农村改革浪潮中一时出现的新生事物而已。

四 经济实力欠缺

从理论上讲，政治制度中存在的问题往往都能在经济领域中找到根源。同理，村民自治作为一种制度形式，其表现出来的各种矛盾与问题也与当前乡村社会的经济基础薄弱有很大关联。有学者认为，"影响村庄治理的资源问题首先是有无治理资源的问题。缺乏必要的治理资源是当前很多村庄或者集体经济不发达村庄治理面临的首要问题。其中很重要的一部分治理资源就是村庄的集体经济收入"①。该学者通过实地调研指出，"在一些贫困村庄，由于村民委员会无集体经济基础，参加开会和选举还都要花费很多时间、精力，而没有解决村级公共产品与服务提供问题"，"那些无村集体经济基础和缺乏村级公共治理内容的村庄，群众的参与主动性和积极性都很低，基本上被抑制，尚未有效激活"②。除了集体经济的影响外，乡镇的财政危机也对村民自治的发展构成了重大威胁。

（一）部分村庄的集体经济发展缓慢，降低了村委会的权威

要想使人们将注意力转移到政治生活方面，必须以一定的物质条件作为保障。美国的欧博文（Kevien J. O'brien）教授早在1994

---

① 冯兴元：《中国的村级组织与村庄治理》，中国社会科学出版社2009年版，第180页。

② 同上书，第184页。

年写的 Implementing Political Reform in China's Village① (《正在进行中的中国村庄政治改革》) 一文中就曾指出，那种既有较高政治参与度、又能很好地完成国家下达的指标任务的村委会，通常是在村办集体企业发展较好的村庄，也即在拥有效益良好的集体企业的富裕村庄发展村民自治较为容易。而通过反观我国多地村民自治实践活动也可以得出类似的结论：凡是村民的各项权利可以得到很好实现的村庄，往往是村集体经济发展较好甚至是实现了一定程度上的规模化；凡是村集体经济发展有限甚至债务累累的村庄，村民的各项权利也大多没有保障。由于经济基础薄弱，一些欠发达村庄的村民自治面临着严重的运转问题。在缺乏村级公共资源的不利条件下，如何实现村庄的有效治理往往成为村民自治实践中村干部最为难的问题。而经济实力的薄弱，不仅使村委会不能为村民提供良好的公共服务，极大地削弱了村民的政治参与热情，还从根本上对维护村委会的权威构成了威胁。

（二）乡镇财政危机的出现，为其越位侵权提供了事实上的可能性

乡镇财政是乡镇政府履行政府职能的经济基础，其在为农村提供公共服务、巩固基层政权以及促进农村经济和社会各项事业发展等方面发挥着重要的作用。20世纪八九十年代，受国家体制和其它因素的影响，我国农民负担在以往的基础上日趋严重，进入到"凸显期"，并暴露出一系列的问题与矛盾。因此，2006年中央果断地在全国范围内取消了农业税，为减轻农民负担提供了政策性保障。然而，取消农业税为农民减轻负担的同时，也带来了乡镇财政收入的减少与收支矛盾的加剧。其中以四川省为例，2005年该省乡镇债务251.9亿，相当于当年乡镇财政收入48.6亿元的5.2倍，

---

① O'brien, Kevin, "Implementing Political Reform in China's Village", *The Australian Journal of Chinese Affairs*, 1994.

平均每个乡镇535.4万元,其中债务超过亿元的乡镇达7个①。而乡镇政府在面对因农村税费改革带来的财政压力时通常只有两种选择:一是减少财政支出。如此做势必会导致乡镇政府规模的缩小和公共产品数量、质量方面的降低。二是采取更加隐蔽的方式,重新在农民身上寻找增加财政收入的可能性,从而使税费改革走向反面,同时也为乡镇政府对村委会的越位侵权提供了事实上的可能性②。

五 其它因素分析

任何一种制度在现实中的运行都会受到来自多方因素的影响和制约,村民自治亦是如此。当前,村民自治除了受政治、经济以及文化三大核心因素的影响之外,还有其他因素对其运行产生了阻碍与困扰,其中最明显的则是城市化进程的快速推进和农村宗族势力带来的消极影响。

(一) 城市化进程的快速推进,严重削弱了村民自治的群众基础

当前,以青壮年为主的农村劳动力向城市的大量外流,对农村基层民主的发展产生了诸多消极影响,具体表现如下,一是使村民自治失去了精英实践主体的支撑,难以选出具有较高知识水平和民主意识的村级组织人员,导致公共管理机构即"两委"出现了"虚化"与"弱化"的现象,产生了组织机构不健全、组织人员素质较差与权力失范等问题,使基层组织机构在社会生活中难以起到整合农村资源、增强内聚力的作用,从根本上抑制了基层民主的发展;二是由于信息的时效性和时空的间隔性,外出劳动人员与乡村社会的关联性逐渐减弱,他们不再热衷于对村庄公共事务的了解,政治参与的积极性也就随之下降。而且在经过成本与收益的理性选

---

① 高宏德:《统筹城乡发展与化解我国乡镇债务问题研究——以成都市统筹城乡综合配套改革实验为例》,《四川行政学院学报》2009年第4期。

② 徐增阳,黄辉祥《财政压力与行政变迁——农村税费改革背景下的乡镇政府改革》,《中国农村经济》2002年第9期。

择后，他们中的大部分都放弃了在农村的民主权利，这在一定程度上抽空了村级公共权力的实践主体，使村级组织机构的运行陷入半瘫痪状态，严重影响了基层民主政治的建设。

（二）农村宗族势力对村民自治权的保障产生了消极影响

当前，农村宗族势力作为与基层民主建设的要求相背的一种传统社会现象，在当今中国农村地区仍然有特殊的地位，成为影响村民自治的一个不容忽视的因素。村民自治作为广大农民群众直接行使民主权利的一项基本政治制度，如果受宗族势力过多地介入和干扰，必然不利于党和政府各项政策在农村地区的贯彻执行，不利于保障村民自治权的真正落实与实现。其中以民主选举最为明显。民主选举作为村民自治的起始环节和核心部分，选举结果的公正性与否直接关系到村民自治权利能否实现。而在宗族势力活动明显的村庄地区，同一宗族的人可以充分利用本族人多势众的优势，对村委会人员的构成进行合法控制。有学者通过调查山东省的某村庄发现，该村主要村干部的姓氏结构与宗族分布具有极大的一致性，同时大姓成员在选举中也会拥有更大的获胜几率[①]。虽然在面对农村宗族问题时，应该有一个正确与理性的态度，不能简单地否定或者肯定，但就当前宗族对村民自治的影响时，客观地讲，应该是消极影响大于积极影响。而如何消解这些消极影响以更好地保障村民自治权的实现也成为理论界应该解决的问题之一。

当前，村民自治制度已经基本完成了其作为一种制度形式导入到村庄社会的过程，也已经走过了"要不要自治""要不要选举"的初级阶段，而走向了健全农村民主机制、深化自治内涵的新发展阶段。然而，在肯定近些年村民自治取得较大成绩的同时，还需要对其存在的一些问题和问题成因进行密切关注。此外，当前村民自治实践中反映出来的问题不仅说明了目前在农村改革过程中面临着

[①] 刘雪华、田玉麒：《农村宗族势力的时代变迁对村民自治的影响——以山东省临沂市河湾村为个案》，《行政与法》2010年第8期。

村庄外部制度供给和村庄自身制度需求之间的矛盾，还需要从一种新的视角去寻求一种新的治理机制，以使村民自治实现健康持续发展。

第七章　协商民主引入村民自治制度中的制度安排与程序设计

第一节　协商民主机制在村民自治制度中的有效嵌入分析

始于 20 世纪七八十年代的村民自治活动使农村治理方式发生了前所未有的变化，实现了由过去的政府全面控制到如今的村民自我管理、自我教育和自我服务的重大转变。从制度层面来讲，村民自治属于国家在农村地区推行的"自上而下"的强制性制度变迁。因此，虽然村民自治经过三十多年的实践发展后已经取得了不小的成效，但在制度生态与自身运作等方面的制约和影响下，至今仍然面临着许多现实的问题与挑战，制度价值目标的实现呈现出步履蹒跚、举步维艰的状态。而协商民主与村民自治在诸多方面的契合性，使得二者的结合必然会为缓解村民自治当今困境、实现村民自治制度价值目标起到一定的现实作用。但如何将协商民主机制有效地嵌入到村民自治制度中，却需要具备一定的基础条件，比如村民的现代性理念和协商民主能力、一定的制度化保障机制、协商民主的内外层空间以及协商民主氛围等。以上这些条件都会对协商民主在村民自治中发挥的功效起到很好的现实基础作用，同时也只有具备这些条件，才能使协商民主在最大程度上消解目前村民自治在实践与价值间存在的张力，从根本上推动村民自治的健康有序发展。

第七章　协商民主引入村民自治制度中的制度安排与程序设计

一　培育广大村民的现代民主理念

在协商民主理论那里，自由、平等的公民只有积极参与协商过程，才能够在对话、讨论以及论证过程中，真实地表达自身的偏好，认真地倾听他人的观念与理由，郑重地衡量不同观念及其倾向，从而根据共同的价值取向，形成基本的共识，最终作出有利于实现合法决策的决定①。以上提到的整个协商民主过程，无论是公民之间的对话、辩论甚至表达自己都要求公民本身应该具备一定的现代性特征。因此，要想将协商民主有效地嵌入村民自治制度中，必须以村民具备一定的现代性理念作为基础性条件，否则得到失败的结果也是不足为奇的。正如美国学者阿历克斯·英格尔斯在《人的现代化》一书中所言，"一个国家可以从国外引进现代化最显著标志的科学技术，移植先进国家卓有成效的工业管理方法、政府机构……而那些完善的现代制度以及伴随而来的指导大纲，管理守则，本身就是一些空的躯壳……再完美的现代制度和管理方式，再先进的技术工艺，也会在一群传统人的手中变成废纸一堆"②。而联合国开发计划署在《2004年人类发展报告：当今多样化世界中的文化自由》中也得出过类似的结论，"成功并非只是一个立法和政策能否改变的问题，尽管这方面的改革也是非常重要的"，"除非政治文化也随之改变，除非公民按照真正符合他人需求和愿意的方式去思考、去感觉或者去行动，否则就不会有实实在在的改变"。同理，要想将协商民主合理嵌入至我国如今的村民自治制度中，村民自治主体即村民个体就应该摆脱熟人社会、亲缘意识以及集体观念等传统习惯对其观念和行为的束缚，而将以事实和理性为基础、通过自我决定与自我反思的方式与其它主体进行自由和公开

---

①　陈家刚：《协商民主与当代中国政治》，中国人民大学出版社2009年版，第45页。

②　[美]阿历克斯·英格尔斯：《人的现代化》，殷陆君译，四川人民出版社1985年版，第4版。

的对话与沟通，最终在相互尊重和妥协的过程中达成一致作为参与准则，也只有这样才能让村民真正行使自己的自主权，同时从根本上减弱村民自治实践与价值之间存在的内在张力。

二 推动乡村社会经济的发展和社会资本的增加

民主的发展从来都不是以一种孤立的状态出现的，正好相反，它只能是在各方面力量的有机统一和融合的条件支撑下才能实现。而任何一种民主形式的发展，也都必须以一定的经济基础作为现实支撑，否则这种民主形式就会成为一种"空中楼阁"处于永远飘浮的状态以至于无法实现。对此，马克思也曾深刻地提出，人的权利决不能超出社会经济结构以及由经济结构制约的社会文化的发展。基层民主发展建立在基层社会经济基础之上。同理，乡村协商民主发展也建立在乡村社会经济基础之上，没有乡村经济资源的足够支撑，就不可能会有需要协商与讨论的乡村公共事务，更别谈乡村协商民主建设的问题了。通过大力推动乡村经济发展，无论是对广大村民还是对村级组织以及基层政府来说，都具备了更多开展乡村协商民主活动的经济资本和谈判能力。协商民主作为一种外来的嵌入性制度，要想实现与村民自治制度的有机结合，就必须以大力推动乡村社会经济的发展作为根本前提，否则这种设想在实践中就会陷入一种因缺乏足够的经济支撑而难以发挥自身功效的尴尬境地。因此，各级政策需要凝聚各方力量、科学规划，继续将推动农村经济发展、提高农民经济收入作为重点规划事项；加大对农村基本建设的资本投入力度，着力改善农村基础设施建设；加快转变农村经济发展方式；提升农村干部和农民自身的经济发展能力，为协商民主在我国乡村地区的深入开展奠定良好的经济基础。

三 建立乡村协商民主的制度化和程序化保障机制

党的十八大报告明确指出，社会主义协商民主是我国人民民主的重要形式，要完善协商民主制度和工作机制，推进协商民主广泛、层次、制度化发展。在农村实现协商民主的制度化，不仅有利于协商民主机制的持续有效运作，还可以为协商民主在村民自治制度中的嵌入提供现实的制度保障。在道格拉斯·诺斯那里，制度是指"一系列被指定出来的规则、守法程序和行为的道理伦理规范，它旨在约束追求主体福利或效用最大化利益的个人行为"①。具体而言，制度作为一种行为规范，是在一定历史条件下形成的政治、经济、文化等各方面的体系，是确保行动目标实现的具体措施和保障规定，具有根本性、强制性、规范性以及稳定性等特征。而将协商民主机制合理嵌入到当前的村民自治制度中，其根本目的在于使村民自治制度不断地得到完善与发展，从而为实现广大村民的民主权利提供一条切实可行的途径。在当前的农村民主实践中发展协商民主，也同样需要建立更加规范化与系统化的协商民主制度体系，使每位村民都可以有平等的机会去参与到公共协商的政治生活中去，借助公共协商的平台充分表达自己的意见和建议，同时也只有这样才能在农村基层中真正体现协商民主之精神，推进当前的农村基层民主建设进程。

（一）协商民主在农村治理方式中的制度化

农村治理即运用农村公共权威管理农村社区，通过对农村社会进行调控和治理的方式，达到增进农村社区公共利益目的一个动态过程②。农村治理目标的实现有赖于农村治理方式与农村各方面发展现状的匹配。而要想让这些治理方式在最大程度上发挥功效，除了要切合农村实际发展情况外，还需要以建立一定的制度体系作为保障。近些年，为应对村民自治在实践过程中出现的困境，许多地区涌现出各具特色的乡村协商治理实践形式，诸如民主恳谈会、民主议事会、民主听证会以及参与式预算等。这些实践形式不仅在当

---

① [美]道格拉斯·诺斯：《经济史中的结构与变迁》，陈郁等译，上海三联书店1991年版，第225页。
② 王海影、李宏宇、董水生：《农村治理模式的转变与发展趋势研究》，《科学决策》2009年第5期。

地引起了不小的反响,促进了当地农村基层民主的发展,还引发了理论界对其的热切关注。然而时至今日,尽管理论界的呼声很高且协商民主给乡村地区的生活带来实质性改变的情况下,但是在国家制度建设层面,协商民主作为乡村地区的一种治理机制并没有给予明确认同。因此,在目前理论成熟与现实所需要的双重动力下,国家应该尽快给农村协商治理形式提供制度化支持,以保障其在农村地区的规范化运作。

(二)协商民主在农村治理方式中的程序化

在我国当前的农村治理机制中,虽然协商民主的实践形式已经形成多种各具特色的模式,并受到了包括基层民主实践者和理论界的大力推崇,为促进农村基层民主建设提供了切实有效的途径。但是,这些乡村协商民主的实践创新除了应在制度层面上为其寻求体制内的资源外,还应该在实践过程中大力加强程序化建设。正如有的学者指出,"合理而公正的程序是区别于健全的民主制度与偏执的群众专政的分水岭"。具体而言,各地应该在正确解读中央相关文件政策的基础上,在实践中不断总结经验与不足,对村民在管理村级事务中如何充分而合理的表达自己的意见或建议,如何使村民讨论形成的具有共识性的决策得到及时有效的回应与执行,如何保证村民在协商过程中机会和参与的平等性以及如何平衡与尊重少数人的意见等诸多问题,制定出较为细致和可操作性强的制度性规定,使乡村协商民主具有现实和合理的程序设计,并将协商程序全方面地覆盖至协商的整个过程,在协商之前、协商之中和协商之后三个阶段都得到很好的体现,充分保证乡村协商民主的平等性、普遍性、参与性以及有效性,为实现村民自治的可持续发展提供现实保障。

四 拓展协商民主在农村地区的内外层空间

要想实现乡村协商民主的有序发展,必须提高农民的组织化程度,从内外双层空间拓展乡村协商民主的深度和广度,为实现广大农民群众的根本利益提供有效渠道。具体而言,有以下两个方面需要注意:

第七章　协商民主引入村民自治制度中的制度安排与程序设计

其一，在村庄内部，发展农民组织以使广大村民提高乡村协商民主的社会资本和参与能力。乡村社会资本是指嵌入乡村社会关系中可以对其进行有效利用的社会资源的总和，其中包括村规民约、熟人关系网络、乡土信任以及家庭权威等①。乡村社会资本作为实现乡村共同价值原则和共同利益的基础，对协商民主在乡村地区的顺利开展起到了基础性作用。而乡村社会资本的提高，不仅与村民自身素质发展有关，还有赖于相关组织的引导与帮助。根据自身的真实生活感触来讲，由于受农村"熟人"和"半熟人社会"社会的影响，村民们彼此之间大多比较了解与熟悉，一些场所如村庄里的小卖部、村委会办公场地以及老年俱乐部等通常都会成为村民相互议论与传播村庄公共事务的集聚地，这些普遍而广泛的议论往往会在不经意间形成一种舆论上的巨大压力，同时对乡村公共事务的管理和决定产生一定程度上的影响。而这种参与方式往往具有随意性甚至会带来群体极化的现象，不利于从内部提升村民的民主理念，更不利于参与者在乡村公共事务的决定方面作出最优选择。因此，村民需要通过参与民间组织的方式，找寻出共同利益的集合点，并通过一定的沟通与辩论程序，表达自己的合理意见、发泄不满情绪，同时在相互沟通、辩论与交流的过程中使自身的判断能力和参与技巧不断得到提升，并逐步培养自身宽容、妥协与让步的心理特性，为实现参与乡村协商民主实践提供更多的社会资本。同时，这样做还可以避免村民因无序参与（如街头议论等）而产生的群众极化现象的产生，为实现乡村协商民主的有序发展提供现实条件。其二，从国家与社会的视角看，我国农民由于受人数多、分布散特点的影响，至今都没有形成象工会、青联、妇联、工商联以及作协等形成代表自己利益的社会组织，在与国家、地方政府以及其它阶层进行博弈的过程中，往往因自组织缺乏而处于劣势地位，难以保证自身利益的实现。虽然从根本上说，党和政府是我国最广大人民群众

---

① 张国献、李玉华：《乡村协商民主的现实困境与化解路径》，《中州学刊》2014 年第 3 期。

利益的忠实代表，但他们在处理各种利益关系时却只能站在全社会的高度做到"面面俱到"，而不可能完全作为农民阶层的代表去制定相关国家政策和法律法规。在乡村协商民主实践过程中，由于农民自组织缺失而导致农民政治诉求难以找到有效组织依托，一些社会资源和群体力量难以在协商过程中发挥作用，这样会使乡村协商民主陷入过分依赖"政治精英"的发展困境。因此，只有提高农民的组织化程度，建立代表农民利益的社会组织，并积极发挥现有的各种经济组织、专业协会以及村民自治组织的作用，使农民能够通过一定的合法渠道理性表达自身利益，推动协商民主在乡村地区的深入发展。

五　锻炼村民的协商民主能力

中国大部分地区的农村居民由于长期受特殊环境和小农经济的影响，民主意识不足、民主能力有限，这对当今促进乡村协商民主的建设产生了明显的消极作用。因为作为乡村协商民主主体的村民，如果不具备较高的民主素质、不能有效地行使自身的民主权利、不能与其他人进行很好的沟通与讨论或者不能很好地参与整个协商过程，这都不仅会使乡村协商民主在实践中发挥不了本应有的作用，而且会使实践质量和效果都大打折扣。然而，尽管广大村民有这样那样的"先天不足"，都能在不断的民主实践中提高自身的民主能力，从而有效地维护自身的合法权益。正如有学者所言，"乡村民众对民主的感知和体认不完全是建立在对民主价值的畅想和期盼上，相反，他们会以非常现实的眼光，希望通过自己的亲身实践和感知来作出对民主的判断。而要让他们能够对民主形成良好的判断，最大的可操作空间就是不断改善民主技术条件，让其在具有可操作性的民主技术条件下形成对民主的真实体认"[1]。客观而言，许多农村地区在进行协商民主实践的过程中，

---

[1] 陈朋：《国家与社会合力互动下的乡村协商民主实践》，上海人民出版社2012年版，第360页。

都在不同程度上唤醒了村民的民主意识，使村民的民主能力（包括协商能力在内）得到了很大提高，村民已经对自身的参与权、决策权、管理权以及监督权表现出极大的热情。以乡村协商民主实践中的经典案例——温岭民主恳谈为例，因为它注重的是在民主实践过程中的"双向沟通"和"彼此说理"，鼓励民众对双方提出的意见进行认真倾听与反思，以平等的态度和宽容的心态去分析与对待产生的分歧，即使在没有产生一致的决策结果的前提下，参与者也可以在平等和理性的沟通与讨论中理解对方的根本观点，形成相互理解、相互包容和相互尊重的现代公民理念，这使当地民众的协商民主能力得到了根本提高，也为推动当地基层民主建设进程提供了良好的心理基础。比如，在有代表提出增加长麻路改造建设投入的建议之后，还对其理由作出了非常清楚和直观的分析，包括"长麻路地处要塞，但由于长久未修复导致破损非常严重，必须给予合理修缮。至于修缮的费用则只能依靠镇政府的支持和投入了"。这些观点不仅清晰而且直观，让人们很容易看到问题的真实性和解决问题的合理性，这说明通过民主恳谈实践的方式，使村民不断提高了自己表达意见和与别人沟通、讨论的能力，为乡村协商民主的进一步实践和发展提供了很好的动力。

六　为乡村协商民主提供较宽松的宏观环境

乡村协商民主作为乡村民众参与村级事务管理的重要形式，是指在中国乡村政治经济社会生活中，涉及所有与决策结果相关的行为主体，包括乡村民众、党政官员、外来务工者等不同群体，都围绕乡村民众经济政治社会生活中的相关重要议题，以群众参与公共事务管理为核心，以改善乡村政治社会权力结构为渠道，以达成一致、产生合理的决策结果为导向，通过群众直接参与沟通、讨论或协商的方式，针对重要议题展开理性和积极的沟通与交流，相互尊重、相互宽容，从而在最终的决策结果中达成共识的一种民主治理形式①。从以上概念中可以看出，乡村协商民主虽说是实现乡村民主治理的一种新形式，但从本质上来讲它还是属于我国基层民主的范畴。而要想充分发挥乡村协商民主在基层民主中的最大功效以实现基层民主的更好发展，必须为其提供较为宽松的宏观环境即应该以大力推动国家层面的民主建设作为其强力后盾。正如有学者分析到，"在中国的政治建设中，从'基层'的形成到'基层民主'的发展，都是在国家建构中展开的，都与国家建设和发展的逻辑密切相关。'基层'与人民群众生活密切相关，人民群众是基层活力所在，也是'基层民主'的内生动力，但是，这种活力与内生的动力如何以'基层民主'的方式表现出来，到目前为止依然取决于国家对'基层民主'的建构"②。还有学者从民主实践的视角提出了二者的关系，"实践表明，离开了上层国家机构民主的发展，基层民主的发展要么流于形式，要么从根本上受到上层国家机构中各种不民主的消极因素的影响，甚至半途而废。基层特别是村民自治中，各种不健康、不民主甚至违背法律的做法，在其上级国家机关中都能找到影子。近年来，村民委员会选举中发生的贿选、操纵选举、通过暴力干预选举现象，以及个别地方出现的家庭势力、黑社会势力干预选举的现象，背后多有当地党政干部的影响"③。从上面的分析可以总结出，基层民主与国家民主的关系密不可分，基层民主作为国家民主在中国的具体实践和国家民主政治建设的原初动力，必须以大力推进国家民主建设进程作为其政治保障。而乡村协商民主作为基层民主的一部分，同样也需要以国家层面的民主建设作为其发展前提，离开国家民主这个大环境的容纳与支持，乡村协商民主的发展也就无从谈起，更别说以乡村协商民主的发展来推动

---

① 陈朋：《国家与社会合力互动下的乡村协商民主实践》，上海人民出版社2012年版，第256页。

② 林尚立：《基层民主：国家建构民主的中国实践》，《政治学研究》2010年第4期。

③ 刘松山：《民主为什么不能只从基层开始》，《法学》2007年第3期。

整个基层民主的创新与发展了。

　　由此可见，要想实现协商民主在村民自治制度中的有效嵌入，并不是可以在无条件、无障碍的状态下就能实现，正好相反，它需要以诸多的现实因素作为其发展的支撑条件，比如上面分析过的广大村民的现代性民主理念和协商民主能力、协商民主在乡村地区的制度化保障机制以及国家民主的大力推进。除此以外，村民的合作意识、塑造协商民主氛围等都是实现协商民主与村民自治有效结合所需要的条件，在这里由于受篇幅所限就不一一论述了。

第二节　在村民自治中导入协商民主的具体制度安排和程序设计

　　自产生于西方的协商民主理论引介至中国以来，随着研究深度的不断挖掘与拓展，学者们的关注焦点也从最初的纯理论研究转向了协商民主实践形态的研究。与此同时，近年来协商民主在各方力量如基层民主实践者和理论研究者的大力推动下，被普遍应用于我国乡村治理的实践中，并形成了许多丰富生动的乡村协商民主实践模式，这些实践模式都在一定程度上缓解了当地村民自治制度困境、推动了乡村治理的有效发展。这些乡村协商民主实践虽然模式各异、取得的成效不同，但都为如今的村民自治发展提供了一种新的思路，而如何汲取与提炼出这些实践中的内在精华为协商民主在村民自治制度的导入提供普遍意义上的制度安排和程序设计，就成为了当前摆在学者们面前的主要议题之一。从理论上讲，任何一种成功的民主实践形式只有具备合理的制度安排和程序设计，才能从根本上获得合法性基础和持久发展的动力。同理，协商民主也离不开这个"理论引导"，作为农村基层民主实践的一种新型治理形式，它同样只有被赋予制度方面的合理解释，才能激发出其本身巨大的价值功效。在此方面，澳大利亚学者何包钢在基于对浙江省温岭市泽国镇扁屿村的乡村协商实践进行研究的基础上，针对该乡村协商治理实践存在的问题，对乡村协商民主的制度设置作了规范性的研究，提出了主持人制度、参会人员随机选拔制度、事先信息发布制度、问卷调查决策制度、领导干部相对隔离制度、观察员制度以及重大事件民主协商制度①。可以说，以上的制度性设置较为全面与系统，但它只是建立在浙江省乡村个案研究的基础上，缺乏普遍性与适应性。因此，将在本节针对前面第五章对现阶段几种具有代表性的乡村协商民主实践模式进行整理与总结的基础上，并结合目前村民自治在四大民主方面存在的种种困境与问题，对将协商民主导入村民自治中的具体制度设置和程序设计进行规范性研究，并对协商民主视角下村民自治未来可能的发展路径进行了重点论述，以期为实现村民自治的可持续发展提供理论支撑。

一 在协商选举中加入合理的制度安排

民主选举作为推行村民自治制度的起点和核心，它实行的好坏对能否实现村民自治的有效发展起到了至关重要的作用。从实质上讲，将协商民主制度与我国当前实行的村委会选举制度相结合起来，也是在理论上实现了选举民主与协商民主的结合。当前，对选举民主与协商民主二者的关系，学者们给出了不同的解释：有的学者认为选举民主与协商民主是一种互斥的关系，提出由于协商民主比较符合人们当今对于民主的追求，所以应该摒弃选举民主而大力实行协商民主；而有的学者却提出了与之相异的观点，认为协商民主与选举民主是一种互相补充的关系，应该将二者进行有机结合，协商民主应该围绕选举民主，补充选举民主的不足与解决选举民主的困境。对此，本文更赞同第二种观点，认为第二种更具现实性与适用性。客观而言，协商民主与选举民主都能在实现民主的道路上发挥不同的功能，起不同的作用。选举民主强调的是民众通过投票

---

① 何包钢、王春光：《中国乡村协商民主：个案研究》，《社会学研究》2007年第3期。

的方式推选出候选人从而实现自身选举权的过程,而协商民主更多注重的是民众的参与权,它强调民众在整个参与过程中,通过与他人进行理性地沟通、讨论与协商并合理地表达自身的建议和意见,最终在达成一致的基础上作出正确决策。通过以上分析发现,协商民主与选举民主从理论上来讲是一种共存与相互补充的状态,而并不是相斥、不相融的。因此,通过一定的制度安排与程序设计,在理论上将协商民主与选举民主相结合,必将会对促进村民自治制度建设起到很好的推进作用。

(一) 建立村民选举委员会协商制度

在村民选举委员会的产生和推选中合理地加入协商民主程序,会为选委会的人员构成提供合法性基础,也可以从源头上确保村委会候选人的公正性,进而保证村委会选举的有序进行。而在我国现行的村民委员会组织法中第三章第十二条中明确规定,"村民委员会的选举,由村民选举委员会主持。村民选举委员会由主任和委员组成,由村民会议、村民代表会议或者各村民小组会议推选产生。村民选举委员会成员被提名为村民委员会成员候选人,应当退出村民选举委员会。村民选举委员会成员退出村民选举委员会或者因其他原因出缺的,按照原推选结果依次递补,也可以另行推选"。由此可见,选委会人员产生的公正与否,对村委会候选人的产生具有至关重要的作用。而如何保证选委会人员构成的公平与公正,就成为推行村民自治制度有效发展的第一步。从现行《村民委员会组织法》的规定来看,"村民选举委员会,应当由村民会议、村民代表会议或者村民小组会议推选产生",此规定说明村民选举委员会的人员也应该由全体村民推选才有公正的意义,而不由上级政府随意指派、指定或者通过其它途径构成。同时,由于村民代表会议、村民小组为实行协商提供了现实条件,而如果能在村民推选村民选举委员会人员的过程中引入协商程序并提出合理的程序设计,则会从根本上保证其人员组成的公正性。具体来讲,村民们在参加推选选委会人员的过程中,应该根据自己意愿或者平时对其他人的了解，提出自己认为合适的人选（或自己、或他人），并让这些人选上台发言，就自己对选委会工作的认识以及今后的工作目标进行充分表达，村民根据自己的理解对以上观点发表见解，并认真分析与听取别人的意见与建议，同时与别人进行沟通、讨论，最终在达成一致的基础上由全体表决产生最终结果。

（二）建立村委会候选人协商制度

通过建立选委会协商制度，可以从根本上保障选委会组成人员的公正性，同时也为村委会候选人产生的公正性奠定了坚实的制度基础。而由选委会组织和制定的候选人推选程序，则成为村委会成员选举过程中最为关键的一环。因此，如何确保候选人推选程序设计的科学性和合理性，不仅关系到候选人选举过程是否公正，还为实现村民自治其他三个民主起到了重要作用。如果将协商民主方法进一步引入到村委会候选人选举过程中来，将会为实现实质上的民主选举产生更大的现实意义。具体而言，应该分下面几步进行实际操作：其一，根据《村民委员组织法》第三章第十三条规定，村民委员会选举前，应当对列入参加选举的村民名单进行登记，并由村民选举委员会在选举日的二十日前对选举名单进行公布。对登记参加选举的村民名单有异议的，应当自名单公布之日起五日内向村民选举委员会申诉，村民选举委员会应当自收到申诉之日起三日内作出处理决定，并公布处理结果。以上的规定将存在"异议"的村民是否具有参选资格完全交与至个别村民和选委会手中任其处理与决定，而整个过程并没有其他村民的参与，这样会造成对确定存有"异议"村民是否具有参选资格结果的不公正性。因此，应该将协商民主方法引入至此项中，通过村民小组的方式使其他村民对存有"异议"村民的参选资格进行充分交流与讨论，并给出合理的理由，由此确定该村民是否具有参选资格。除此以外，选委会还应该将村委会选举的相关事项通过各种形式告知村民，并做好相关的登记工作。其二，《村民委员会组织法》第十五条规定，选举村民委员会，由登记参加选举的村民直接提名候选人。此条规定只是说明候选人的产生应该采取村民自下而上提名的方式进行,这样做可能会使提名结果中缺乏村民的理性思考,没有经过村民的理性思考与沟通讨论产生的结果势必会带有较大的随意性与虚假性。因此,在候选人产生过程中,除了需要有村民自下而上的提名外,还需要引入村民自下而上的协商与讨论,只有这样才会为村民提供更多发表个人意见和观点的机会,让每位村民都能积极地参与到选举过程中来,从根本上维护村民的选举权,最终确保候选人产生结果的真实性与合法性。具体来讲,应该将具有选举权的村民划分为若干个村民小组,通过5人一组、10人一组或自愿结合的方式对参选者进行深入了解与讨论、作出评价,各讨论方可以就自己支持或反对的参选者提出自己的理由,并对其他人的观点给予反驳与回应,最终在基本达成一致的基础上确定候选人名单。其三,《村民委员会组织法》第十五条规定,村民选举委员会应当组织候选人与村民见面,由候选人介绍履行职责的设想,回答村民提出的问题。此条规定具有可操作性不够、模糊性较强的特点,在村民对这些候选人的资料情况了解甚少的情况下对其进行提问无疑会进入走过场、摆样子的"虚民主"状态。因此,选委会应该将候选人的具体资料进行整理与总结,并提前发放到每位村民手中,让村民对候选人有较为深入的了解,并在正式选举投票之前通过村民小组的方式,将村民划分为5人一组或者10人一组,各村民小组的成员应该在本着理性、平等、包容以及以事实说话的态度与其他人对候选人的名单进行充分沟通与讨论,给出自己的意见或者建议,并对别人的观点进行合理回应,为对候选人面对面提问和参加正式选举投票作好充分的心理准备。此外,为了防止其它非法行为对协商过程的阻挠和破坏,在选委会组织候选人与村民见面提问活动的过程中,应该将候选人陈述的工作目标、竞选文稿等赋予法律效力,如若在其当选后不能兑现竞选时的承诺,就将被罢免并承担一定的法律责任。这样的程序设计可以给某些只为掌权、不为村民真心实意办事的参选者造成一定的心理压力,并有效防止其破坏选举过程的真实性与公正性。最后,各村民小组将推行出的候选人名单交予选委会,选委会根据当年村委会应该构成的实际成员人数来确定候选人人数,最终通过差额投票选举的方式选举出村委会成员。

民主选举作为村民自治的起始环节,不仅对实现其它三个民主起着重要的保障作用,还为推动村民自治的可持续发展有着极为重要的现实意义。纵观目前各地村委会选举的实际经验可以得知,如果没有将协商民主的方式引入具体的、可操作较强的选举程序设计中,就不能从根本上保障村民的选举权益不受侵犯,因为基层民主的发展不能只凭着选举民主和自由主义的双层支撑就能顺利实现的。在村民自治的民主选举环节中引入协商民主的程序设计,可以在很大程度上提高村民的维权意识和政治参与能力,同时还能保证整个选举过程在透明、公正的环境下进行,更能促使选举结果在最大程度上符合村民意愿,从根本上推动村民自治的良好发展。

二 建立健全协商决策程序

民主决策作为村民自治价值核心之所在,是国家在广大农村社会推行村民自治制度的最大目标取向,其根本宗旨在于寻求公共决策的正义性、合法性而规避公共决策的争议性、隐蔽性。其中,公共决策的正义性与合法性,则体现了某项决策能够符合全体成员的最大利益,与此相反,公共决策的争议性与隐蔽性则表明某项决策在一定程度上与成员们的公共利益、公共精神相背离,不能够体现成员们的集体意志,形成不是"多数人暴政"就是"少数人暴政"的局面①。在上一部分提出,在民主选举的环节引入协商民主程序,可以从根本上保证村委会成员构成体现全体村民意志,但如何在民主决策环节保证村民可以真正行使自己的决策权而不被其它势力所左右,避免出现"多数人暴政"和"少数人暴政"局面的出

---

① 王平、林萍:《村民自治视阈中的协商民主》,《安徽农业科学》2009 年第 11 期。

现，就又成了摆在理论界面前的重大现实问题之一。而从学者们阐释协商民主的基本内涵来看，决策论的观点在协商民主理论中占据首要和核心地位，比如陈家刚研究员总结到，"作为一种决策形式，协商民主要求容纳每个受决策影响的公民；实现参与的实质性政治平等以及决策方法和确定议程上的平等，自由、公开的信息交流，以及赋予理解问题和其他观点的充分理由。只有满足这些条件的协商过程才能够形成具有民主合法性的决策"。由此可见，协商民主主张民众应该积极参与公共事务的决策，在平等和理性的基础上相互讨论、沟通与交流，从而达成一致、作出合法决策。而在村民自治的民主决策环节引入协商民主程序，可以使广大村民在认真了解所需要决策事项信息的基础上，通过彼此间的反复沟通、辩论，在或妥协或达成共识的基础上作出村民们认可和接受的结果，这样会从根本上体现全体村民的意志，为实现广大村民的最大利益提供事实上的可能性。

因此，二者的结合从理论意义上来讲更具说服力和影响力，而从现实意义上看则可行性、可操作性更强。但无论制度设想多么完美，都必须有一套合乎现实的制度安排和程序设计，要不然这种设想会陷入一种虚幻的"空洞"难以实现。除此以外，在我国目前的乡村协商民主实践中，协商式民主决策模式占很大比例，其中浙江温岭地区的民主恳谈模式最为典型，这种模式不仅在实践过程中实现了决策权与执行权的根本分离、理清了权力的授受关系，还为基层实践人员提供了宝贵的经验财富。

（一）充分发挥村民会议和村民代表会议的核心平台作用

在农村地区实现协商民主的发展，需要有一定的载体和公共空间作为其前提条件。目前，一些较为人熟知的乡村协商民主实践模式如民主恳谈会、村民议事会、决策听证会等，由于受其它因素影响较深，难以独立显现村民的核心主体地位，导致村民参与决策过程受限，因此相对村民自治内部来说具有"非主动性""外围性"的特征。而要想在农村地区实现协商民主与村民自治的有机结合，必须充分发挥村民会议和村民代表会议的核心平台作用，使村民以"主人翁"的姿态参与到村庄公共事务的决定中去。当前，虽然我国《村民委员会组织法》明确规定村民会议作为村民自治的最高权力机构，是村民行使民主决策权的重要平台。然而在各种现实因素的制约和影响下，村民会议或村民代表会议却在实践过程中难以发挥其功效，阻碍了广大村民利益的实现。从我国《村民委员会组织法》的规定来看，村民会议或村民代表会议的召开由村民委员会召集，村民会议审议村民委员会的年度工作报告，评论村民委员会成员的工作，有权撤销或者变更村民委员会不适当的决定等。以上的规定从逻辑关系来看，明显具有颠倒村民会议与村民委员会之间从属关系的不足，村民会议作为最高权力机构，本不应由其执行机构村民委员会来召集，如此下去会使村民会议和村民代表会议难以独立行使其决策权和审议权，难以发挥其应有的功效。而且从很多地区村民自治的实际运行情况来看，由于村民会议由村民委员会召集，同时村民会议的召开也没有由独立于村委会主任和党支书之外的主持人主持会议，导致村民会议在村民心中的权威性不断下降。因此，要想使村民会议和村民代表会议在协商过程中充分发挥其核心平台作用，就应该建立独立的村民会议（村民代表会议）召集人制度，这种制度将使村民会议的召集摆脱受村委会和村党支部"左右"的困境，由独立于二者之外的、具有丰富民主经验的专门人员负责召集和组织村民会议和村民代表会议的召开，这样做可以有效防止村民会议在起始阶段被农村中的"政治精英"所操作，从源头上保证了村民行使民主决策权的权利。具体来讲，村民会议（村民代表会议）召集人制度是指在村民会议的选举下（村委会和村党支部的相关成员不得参加），选举出一位具有较强的组织能力、丰富的民主经验的人员作为其村民会议的召集人和主持人，其主要职责是负责召集和主持村民会议和村民代表会议的召开，对村民们提出的相关提案进行提炼总结，并就在村民会议过程中发生的突发事件进行应对和处理。在这种制度下，将会真正形成村民会议和村民代表会议下,村民委员会进行执行的合理模式,这也为在农村地区开展协商民主提供了直接的核心协商平台。

(二) 健全协商式民主决策的程序机制

"合理而公正的程序是区别于健全的民主制度与偏执的民主专政的分水岭。"① 同样,协商民主也十分关注和重视程序设计,并将程序看作是公共决策获得合法性的规范性要求。为协商式民主决策作出合理的程序设计,可以从根本上保证村民决策权的实现,能够在协商过程中实现广开言路、广谋良策,为农村中不同利益主体表达自身观点和意见提供合法渠道,同时也能将这些利益主体中分散的、零乱的意见通过协商渠道作出准确的、综合的反映,在最大程度上保证村民自治权利的有效实现。具体而言,民主决策中的协商运行程序应该分下面几个步骤进行:其一,初步征集与了解相关提案。提案内容能否反映村民们的共同意志,是否代表了村民们的心声,对村民会议召开是否具有实用性和有效性起到了基础性作用。因此,必须特别重视提案的征集和形成过程。对此,村委会成员应该通过入户座谈的方式,就村民们真正关心的议题作好记录,从整体上了解应该急需解决的关乎农民日常生产生活的诸多事项。其二,产生正式提案。村委会成员将收集好的提案资料交给村民会议召集人,并由召集人对相关提案进行提炼总结,整理出村民最关心的、时间最紧急的、与村民利益联系最紧密的议题,形成正式提案。其三,公开提案内容。村民会议召集人通过广告墙、村务公开栏或其它形式,将提案内容公之于众,并征求村民对提案内容的方案意见。其四,通过协商与讨论的方式最终确定解决方案。对涉及与村民们切身利益相关的重大事项,必须经过村民会议、村民代表会议的正式讨论与协商方可使决策结果具备合法性。具体来讲,应该摒弃以往按地域划分讨论小组的方式,而将参与讨论的人员进行

---

① [美] 詹姆斯·伯曼、威廉·吉姆,《协商民主:论理性与政治》,陈家刚等译,中央编译出版社 2006 年版,第 113 页。

随机组合，这样做不仅可以避免出现同一姓氏之间"利益垄断"现象的产生，同时还可以激发出村民在协商过程中所需要的团结互助、互尊互敬、合作妥协等精神，为协商式民主决策的实现提供了思想条件。除此以外，还可以通过农村的其它议事平台，如村民小组会议、党员代表议事会、村民听证会、村民议事会以及民主恳谈会等多种形式对所提方案进行完善修正。其五，整理与分类。由村民会议召集人根据重要程度的不同对修正完善好的方案进行整理与分类。将需要做出紧急决策的方案列入重要事项范围内，对可以实行缓冲决策的方案归入一般事项的范畴。其六，民主表决。对于急需作出决策的重要事项通过村民会议的方式进行民主表决，对于可以缓冲决策的一般事项可以通过村民代表会议的方式再次进行协商、讨论以在最大程度上达成一致，并最终通过村民会议的方式进行表决产生结果。

  以上就是在村民自治的民主决策环节引入协商民主方法的总体制度设想。此外，还有学者提出在协商环节应该引入专家指导制度，这一设想虽然从理论角度看似乎更具科学性，但如何保证专家本身的中立性？如何确保专家是在深入了解村情民意的基础上进行指导？这些都是值得疑虑的问题，因此在这里暂不推荐这一制度的介入。客观而言，由于我国各地农村情况不同、发展程度有别，上面提出的这些制度安排和程序设计是否具有广泛的适用性目前还不能做出明确判断，但这并不能构成停止对此进行理论探索的理由。而从目前的乡村协商民主实践看，将协商民主方法引入村民自治的民主决策环节，无疑对提升村民自治制度合法性起到了明显的推动作用，也为加快农村基层民主政治建设多了一层保障，这也为对这一课题的深入研究增添了信心。

三 为协商管理引入合理的程序设计

  民主管理作为村民自治的基本环节之一，其主要宗旨是实现村民在日常公共事务中的参与权。而它实行的好坏对能否实现村民自治的顺利开展、推动农村基层民主政治建设有着关键性作用。将协商民主方法引入村民自治中的民主管理环节，无疑对创新民主管理形式、激发村民参与潜能起着明显的推动作用。具体来讲，协商式民主管理是指村民通过彼此对日常村级公共事务所持意见、建议和信息进行沟通与交流，消除因信息不对称和沟通渠道不畅所产生的信息资源失衡现象，在互尊互敬、互惠互利的前提下将矛盾与冲突降低到最小，并最终形成统一的意见。从以上分析来看，实行协商式民主管理的根本目标并不在于村民对与自身相关的公共利益作出决策，而是更侧重于对日常村级事务的了解与沟通，消除村民因信息失衡而产生的各种疑虑，使村民对一般性的公共事务有更深入的认知与了解以便实现自身的参与权。在这种情形下，村民可以就日常生活中的公共事务进行咨询与讨论，但这些事务一般都是比较零散或者只关乎到小众村民的利益，因此具有分散性与不确定性的特点。同时，在缺乏相应的配套制度对其进行规范与约束的情况下，这样的管理模式能否产生应有的价值功效就很难作出判断了。根据学者吴兴智将我国目前乡村协商民主实践模式划分为咨议质询式、民意测验式以及民主审议式三种类型的判断来看，很明显，协商式民主管理应该属于第一种类型即咨议质询式，而这种"实践活动多为体制性边缘的创新形式，其主要承担着咨询、议论、质疑以及询问等信息交流功能，因而这种实践模式体现出形式上的多样性和效力上的不确定性两个主要特征"[①]。在协商式民主管理的实践过程中，由于受所协商事务的琐碎性、受益群体的有限性等特征的影响，使整个协商过程往往更具随意性、非固定性和反复性，这样会大大降低协商民主本身所隐含的功效，使协商民主方法引入民主管理过程中的作用大打折扣。客观而言，无论所协商的公共事务有多微小，它都与村民利益直接挂钩，都与村民的日常生活息息相关。而将这些协商式民主管理模式引入相应的配套制度与程序设计，会

[①] 吴兴智：《协商民主与中国乡村治理》，《湖北社会科学》2010年第10期。

使协商内容更具确定性、协商过程更具合法性和协商结果更具适用性。具体来讲，应该分为以下几个步骤实施：第一，初步了解与整理出村民最关心、最紧迫的议题。村民代表在联系村民方面有天然优势，因此也成为最合适的人选。而要想对村民在日常生活中遇到的各种问题进行合理解决，就必须以深入了解与熟知作为前提条件。因此，村民代表应该通过入户座谈的方式了解并梳理出当前村民最关心的问题与事项，并提前交由村干部使其对需要解决的事项进行了解与消化，为此后的沟通环节作好充分准备。第二，建立以"察民情、听民声、解民忧"为主题的"民情沟通日"。应该在每一季度都选出固定时间（两天左右）和固定场所，开展村干部与村民之间面对面的沟通与交流。在双方进行沟通与讨论期间，村干部应该放下所谓的"干部姿态"，以平等的身份与平和的心态认真回答村民的每一个问题，并设身处地地为村民利益着想，为问题的最终合理解决建立良好基础。最后，建立反馈机制。由村民代表再次通过入户座谈的方式了解村民对所解决问题的满意程度。如果还存在村民不满意的情况，就应该再组织一次小型的"民情交流日"活动，由村民直接与村干部进行对话与讨论，充分表达自己的意见与建议，最终使问题的解决方案在最大程度上令广大村民满意。

四 实现协商监督的制度化

村民自治中的民主监督是指通过村务公开、民主评议村干部和村委会定期报告工作等形式，由村民监督村中重大事务、监督村委会工作和村干部行为。由于实施民主监督可以有效保证村民自治其它三个环节的真正落实，从根本上推动村民自治的持续发展，因而倍受学者和基层民主实践者的重视。但由于多种现实因素的影响，目前的民主监督陷入一系列困境。而在民主监督中引入协商民主理念，可以为解决当前民主监督不力的状况提供新的视角与思路，使民主监督在"柔和"的方式下大大提高监督效率。正如有的学者提到，在民主监督中引入协商民主理念，以协商的方式进行监督，可以提高民主监督的文明程度，进而提高其质量；保证民主监督的理智行为，进而提高其效率；保持民主监督科学有序进行，进而提升其科学含量以及促使监督主客体互相理解，进而优化其监督效果①。近年来，在我国乡村协商民主实践中，涌现出许多具有代表性的协商式民主监督模式，比如被外界称为"村官监督制"的广东蕉岭模式、江苏省东海县的"双述双评"模式以及上海浦东区航东镇推广的"1+1+X"模式等，这些模式都在不同程度上增强了村民自治中的民主监督效率，而如何借鉴这些模式中的科学性及合理性，为当前的协商式民主监督引入更加科学的制度和机制安排，则成了目前理论界应该继续探究的问题之一。

（一）建立合理的反馈监督机制

如何保证通过协商作出的公共决策能够有效地执行，如何保证这些决策的执行结果贴合民众利益需求？这不仅是关乎到村民自治建设本身的问题，更是与农村基层民主政治建设有直接关联。如果在这方面缺乏合理而有效的制度安排，协商结果能否有被有效执行或者能在多大程度上得到执行就难以保障，而之前关于决策的协商、讨论与沟通等一切努力也将毫无实际意义。因此，在通过协商产生了令民众满意的公共决策之后，应建立合理的反馈监督机制使其对协商结果进行及时的跟踪与反馈，以便全方位地对协商结果的执行情况进行监督，并及时地将监督结果如实反馈给参与者。

（二）完善当前的村务监督委员会制度

村务监督委员会是为使民主监督有效运转而实施的制度设计。2004年6月18日，浙江省武义县后陈村针对村干部违法乱纪现象，通过民主选举成立了全国第一个"村务监督委员会"，开始实行村务监督委员会制度，这为实现村级民主管理提供了制度化的探

---

① 阳沐乎韧：《引入"协商民主"理念的民主监督》，《广西社会主义学院学报》2014年第4期。

索途径。2010 年 10 月 28 日，村民委员会组织法经修改后明确规定，"村应当建立村务监督委员会或者其他形式的村务监督机构，负责村民民主理财，监督村务公开等制度的落实，其成员由村民会议或者村民代表会议在村民中推选产生"。据相关调查，在全国设立了村务监督机构的农村地区，监督小组成员虽然被赋予了监督权利，却由于受人际圈、宗派势力等的影响，在现实运作过程中常常表现出"力不从心"的一面，实际效能与理想效能相差甚远，出现制度文本的偏离。如果在村务监督委员会的制度设计中引入协商民主理念，会从根本上增强其制度效能感，为提高民主监督的效率提供有效途径。具体来讲，首先，村监会的组成人员除了要回避村委会成员及其亲属外，还应该保证各大利益群体代表的均衡性。其成员应由党组织代表、农村老干部模范代表、乡镇人大代表、村集体企业代表以及有较高威望的农民代表等几部分人员组成。而且这些成员必须经过村民大会或者村民代表大会民主推举产生，不得由村委会成员擅自指定、委派。其次，保障村监会的职能独立性。明确保障村监会是专门的监督机构，只负责对村级公共事务的落实情况进行监督和检查，而不参与相关事务的决策与管理，彼此独立、互不从属，强调其职能的独立性。最后，定期召开监事会。应该在每月选一个固定时间召开一次监事会，其成员通过对比实施协商决策前后的相关情况梳理出监督情况，并就近期收集到的监督成果进行协商与讨论，以便在以后的监督过程中改进方法、增强成效。通过进一步完善村民委员会监督制度，能使村级公共权力的运行朝着透明和有效的方向运行，赢得广大村民群众的信任，并最终换来村民自治的良好发展。

村民自治作为我国基层民主制度的基础性实践，由于受诸多现实因素的影响与制约，目前并没有实现与当初制度设计相匹配的理想目标。而在村民自治的四大环节中引入协商民主理念，并根据当前农村的实际情况作出合理的制度安排与程度设计，不仅可以缓解当前村民自治运行不力的现实困境，还会对实现村民自治的持续发展产生积极而深远的影响。

第三节 协商民主对促进我国村民自治发展产生的重大意义

一 有利于缓解当前村民自治的民主困境

村民自治作为改革开放以来党和政府力主推进的基层民主实践，自产生以来就受到了来自国内外学者和各界人士的热切关注。对中央政府来讲，村民自治不仅是基层群众自治的核心组成部分，更是进行国家政权建设的现实需要。对农村地区而言，村民自治不仅是农村基层民主建设的重要内容，还是提升农村基层政权合法性的有力手段。然而，自村民自治产生之日起，其作为基层民主创新和农村治理转型的重要举措，就在全国各地农村地区的实践中表现出参差不齐、成效有别的情形。从梳理村民自治发展历程可以得知，从20世纪80年代的初创，至90年代的繁荣至极，再到本世纪的日见平静与萧条，村民自治发展也经历了重大转变。从目前全国各地的村民自治实践情况看，许多地区却面临着诸多发展困境，出现了民主选举形式化、民主决策难以实现、民主管理表面化以及民主监督不力等困局，与之相关的质疑声也随之而来。其中有学者通过对一项全国性访谈性资料的详细分析得出了以下结论：村民总体上对当前村民自治运行的评价不高。具体表现为以下几个方面，村民对民主选举中的拉票和买票等行为表示反感；对村民自治中的民主决策和民主管理两个环节的评价不高；对村民自治中的民主监督环节，普遍存在村民不仅认知不足且其在实践上多有缺位[①]。

在村民自治中引入协商民主理念，可以从根本上缓解村民自治当前的困境，使村民自治以更加"温和"的方式继续朝着可持续

[①] 刘伟：《村民自治的运行难题与重构路径——基于一项全国性访谈的初步探讨》，《江汉论坛》2015年第2期。

发展的方向前行。协商民主强调的是对每位民众所提意见的尊重，而不仅仅是简单的利益聚合，同时它还是通过民众彼此间的沟通、交流与讨论而促使民众偏好发生转向并最终达成共识的一种民主形式。将协商民主引入到村民自治中，其根本目的是应用协商民主的优势来推动村民自治制度的不断完善，为解决当前村民自治困境提供一种新的视角与思路。目前在我国乡村地区涌现出的协商民主实践模式，都在不同程度上解决了当地村民自治发展不力的现状，使其重新焕发出"理性之光"与"民主之光"，为推动当地基层民主建设提供了新的发展路径。这些实践模式不仅成功地向人们证明了自身存在的合理性，还为引领村民自治开拓新的发展路径提供了宝贵的经验。因此，将协商民主方法引入当前的村民自治建设中，虽然目前还缺乏相应的制度保障，但实践已经证明它是在我国农村基层民主发展中一种行之有效的形式，对于破解当前村民自治困局具有明显的积极作用，并必将为促进农村基层民主的可持续发展产生深远影响。

二 有利于提升村民自治制度的政治合法性

合法性在英文中与之相对应的词是"legitimacy"，其基本释义则为"拥有为普遍的行为标准（大多数人的见解或传统、法律等）所承认的政治理由的状态"①。其中普遍的行为标准是一个具有跨历史性意义的概念，在不同的历史阶段完全可以呈现出不同的形式与内容。尽管这些行为标准在不同的时空下表现出千差万别的具体形态，但它们却存在共通的特征即都被民众所接受、所认同。而在汉语语境中，对于"合法性"的解释却与西方中的释义大有不同。在大多数人的观念中，一种政治行为只要不违背相关法律条规的规定（或者符合中国共产党的政治政策）便具有了合法性。从现实意义来看，以上的解释比较容易被人们所接受，因为"合乎相关

---

① 张健：《合法性与中国政治》，《战略与管理》2000 年第 5 期。

第七章　协商民主引入村民自治制度中的制度安排与程序设计

法律条文规定或与中共政策相一致"也构成了普遍民众心里的行为标准，因此这一行为便具有了合法性意义。而中国共产党对合法性也有自己独特的认知与见解。从邓小平提出的"谁关心人民的问题，谁能帮助人民想办法去和敌人斗争，保护人民利益，谁就是人民爱戴的领袖"，到胡锦涛指出的"我们要始终把人民拥护不拥护、赞成不赞成、高兴不高兴、答应不答应作为制定各项方针政策的出发点和落脚点"，都无一不体现出中国共产党对合法性涵义的独特认识。通过考察人类历史发展进程可以看出，任何一种制度要想长久地维持下去，就必须要使自己的权威建立在被人们内心所接受与认同的基础之上，否则就极易发生合法性危机。当这种合法性危机增加至一定程度后，民众就可能会通过非制度化的参与方式发泄自己的不满。而规避这种合法性危机的根本途径则是通过不断地增强其民主性从而来提升制度的政治合法性，同时也只有在不断提升其政治合法性的过程中才能使这种制度更加长久地维持下去。

村民自治制度作为我国社会主义民主发展的重要内容，能否实现其持续有效发展不仅是关系到农村民主发展的关键问题，更与基层农村政权的政治合法性联系紧密。在我国现行的《村民委员会组织法》第一章第二条中就对村民自治的性质和具体内容作了明确规定，"村民委员会是村民自我管理、自我教育、自我服务的基层群众性自治组织，实行民主选举、民主决策、民主管理、民主监督"。长期以来，由于村民自治过分注重对选举民主的应用，导致目前在许多农村地区出现了村民自治运行效果不佳的现状，甚至出现了一定程度上的合法性危机。从理论上讲，选举民主注重的是维护和肯定多数人的利益和意志，容易出现不尊重少数人利益和意志的现象，而在这些少数人的意志和利益中很可能具有正当性与合理性。熊彼特曾提出，"多数人的意志是多数人的意志而不是'人民'的意志。人民的意志是一件镶嵌工艺，多数人意志完全不能'代表'它"[1]。

---

[1] 卢梭：《社会契约论》，商务印书馆1980年版，第232页。

选举民主在村民自治发展过程中所体现出的局限性，可以通过协商民主的嵌入加以修正与弥补。从本质内涵上讲，协商民主更多强调的是村民个人通过与其他主体间的反复讨论与沟通并形成共识，它能从根本上保障广大村民的参与权与话语权。尤为重要的是，通过在村民自治制度中引入协商民主理念，使其在运行过程中加入合理的协商程序设计，将广大村民的偏好和意见都纳入公共决策系统，让村民感受到来自民主的真实性，这对提升村民自治制度的合法性具有最为直接的现实作用。同时，目前的乡村协商民主实践也充分证明，通过在农村地区广泛发展协商民主不仅具有可行性，还能通过公共决策合理化为村民自治制度的合法性奠定良好基础，更对推动农村基层民主政治建设提供了新的路径与方向。

三 有利于实现村民自治的可持续发展

村民自治作为具有中国特色的基层民主制度之一，是党和国家实现农村治理方式转变的一项伟大创举，并经过多年发展取得了可观的成效，维护了农民群众的根本利益，改变了农村发展的整体面貌，有效提升了党和国家在农民心中的威望，为促进农村基层民主政治建设提供了坚实保障。然而，在相关制度不完善、机制不健全以及其它现实因素等影响下，许多地区的村民自治建设陷入了一系列发展困境，甚至出现了举步维艰、步履蹒跚的不良状态。通过前面的一系列分析可以得知，如果仅仅靠村民自治制度本身去调节其存在的运行问题，如此起到的作用是极其有限的，因为村民自治制度本身就存在过分倚重选举民主的内在阙如，使得它在农村基层取得一定合法性的同时，也逐步暴露出其制度困境，为实现村民自治的可持续发展带来了不利影响。虽然协商民主作为西方国家针对竞争性民主带来的困境而提出的一种新的民主范式，固然含有西方国家特有的文化历史背景与社会基础，但同时它也是全人类社会文明共同进步的智慧与结晶。因此，对协商民主理论进行深度总结与合理借鉴，并将其精华部分合理地加入到我国当前的村民自治制度中，在很大程度上也能够体现协商民主与选举民主在村民自治中的结合，二者的结合可以使村民自治不再仅仅停留在"多数投票决定"的层面，而将决策之前的意见综合与偏好反映作为影响决策结果的关键因素，从而使决策结果在最大程度上贴近广大村民的意志和利益，也为村民自治制度本身具备了实现可持续发展的重要条件。

第八章 结 语

作为20世纪80年代我国农村改革的三大创举之一，村民自治为实现农村政治民主开启了新的发展模式，同时它还是国家在农村地区政治和社会层面的伟大创造。如果对中国改革开放以来的发展成就进行总结与研究，那么村民自治这个重要课题是无论怎样都避不开的。回顾40多年来村民自治的发展历程，不管是在萌芽初创阶段、开始试行阶段还是在全面推进阶段、深入发展阶段，它都给村民带去了不一样的民主体验，并通过各个阶段的民主锻炼使民主精神逐步内化于村民心里，为实现农村基层民主政治发展提供了良好的心理基础。尽管当前出现了一系列制约村民自治发展的现实因素，比如城市化进程的加快、农村流动人口的不断增加等，但这些并不能成为相关学者与基层民主实践者停止对其在理论与实践方面探索的理由。与此相反，只有通过深入地实践探索与理论总结，才有可能突破目前村民自治的困局，为实现村民自治的可持续发展提供最大的可能性。

协商民主作为西方民主理论发展的新转向，虽然深深植根于西方发达资本主义国家的政治文化土壤之上，但其所体现出的平等、理性与包容等特性却与村民自治的内在精神所契合，并为二者的结合提供了现实可能性。村民自治要求广大村民通过行使自治权实现"自我管理、自我教育、自我服务"，而协商民主强调在充分尊重村民个体意志和偏好的情况下，通过平等和理性的协商、讨论与交流，作出符合全体村民意志的公共决策。由此可见，二者在重视村民的参与性、平等性、追求村民利益最大化等方面具有极大的相通性。同时，在目前我国乡村地区涌现出的多种协商民主模式也从实践的视角证明了西方的协商民主理论不仅在中国农村地区具有适用性，而且会为应对当前的村民自治困境提供一种新的视角与思路，重新激发出村民自治的"民主潜力"，为在农村地区重塑民主精神、提高农民民主技能起到了直接的促进作用。如何将这些乡村协商民主实践模式进行正确梳理与总结以提炼出其内在精华，并建立一套规范有序、系统全面以及科学合理的制度体系以保障协商民主在农村地区的有效发展？这对推动当前的村民自治建设具有直接的现实意义。当然，本书也在这方面作了一些努力，但由于我国各个农村地区的实际发展情况千差万别，这些对策与建议是否具有普遍意义，只有通过今后的实践检验方才得知。从目前我国农村地区的现实情况来看，协商民主实践活动虽然在个别地区开展得如火如荼，并取得了非常可观的成效，但就大部分地区而言，协商民主还停留在一种"观念形态"的起始阶段，并未对农村村民自治制度建设本身产生多少实际影响，如何使协商民主内化于广大村民的观念之中，并在民主实践过程中逐步培养出村民的协商民主意识与平等参与意识，保障村民的自治权和公共利益的实现，就成为摆在理论界面前较为紧迫的议题之一。相信在学者、基层民主实践者以及各方力量的共同推动下，协商民主理论在村民自治制度中的嵌入不仅会得到更加科学与合理的制度安排与程序设计，使其在民主实践过程中对村民自治制度建设本身产生积极意义，更为实现村民自治的可持续发展和农村基层民主政治建设的良好态势起到直接的推动作用。

参考文献

一 中文著作

(一) 文献资料

[1] 邓州市委、市政府:《"4+2"工作法》(内部资料), 2006年版。

[2] 华中师范大学中国农村问题研究中心:《中国农村研究》(2001年卷), 中国社会科学出版社2002年版。

[3]《列宁全集》(第37卷), 人民出版社1986年版。

[4] [法] 卢梭:《社会契约论》, 商务印书馆1980年版。

[5] 阮智富, 郭忠新:《现代汉语大词典(下)》, 上海辞书出版社2009年版。

[6]《中国农村村民委员会换届选举制度》, 中国社会出版社1994年版。

[7]《中国农村村民代表会议制度》, 中国社会出版社1995年版。

[8]《中国农村村民委员会法律制度》, 中国社会出版社1996年版。

(二) 相关研究专著

[1] [美] 阿历克斯·英格尔斯:《人的现代化》, 殷陆君译, 四川人民出版社1985年版。

[2] 程瑞山, 贾建友:《村民自治制度运行研究》, 中国社会科学出版社2013年版。

［3］陈浙闽：《村民自治的理论与实践》，天津人民出版社2000年版。

［4］陈家刚：《协商民主》，上海三联书店2004年版。

［5］陈家刚：《协商民主与当代中国政治》，中国人民大学出版社2009年版。

［6］陈朋：《国家与社会全力互动下的乡村协商民主实践》，上海世纪出版集团2012年版。

［7］董红：《当代中国村民自治问题研究》，中国农业出版社2014年版。

［8］董胜礼：《村委会选举中的贿选及其治理的研究》，中国社会出版社2005年版。

［9］［美］道格拉斯·诺斯，罗伯特·托马斯：《西方世界的兴起》，历以平等译，华夏出版社1989年版。

［10］［美］道格拉斯·诺斯：《经济史中的结构与变迁》，陈郁等译，上海三联书店1991年版。

［11］范瑜，贺雪峰：《村民自治的村庄基础——来自全国十个省市的村民自治调查报告》，西北大学出版社2002年版。

［12］冯兴元：《中国的村级组织与村庄治理》，中国社会出版社2009年版。

［13］傅伯言，汤乐毅，陈小青：《中国村官》，南方日报出版社2001年版。

［14］［德］哈贝马斯：《民主的三种规范模式》，上海人民出版社2002年版。

［15］金太军，施从美：《乡村关系与村民自治》，广东人民出版社2002年版。

［16］景跃进：《当代中国农村"两委关系"的微观解析与宏观透视》，中央文献出版社2004年版。

［17］梁开金，贺雪峰：《村级组织制度安排与创新》，红旗出版社1999年版。

［18］李连江：《村委会选举观察》，天津人民出版社 2001 年版。

［19］刘志鹏：《我国村民自治立法问题研究》，光明日报出版社 2012 年版。

［20］刘少杰：《国外社会学理论》，北京高等教育出版社 2006 年版。

［21］［芬兰］琳达·雅克布森：《海外学者论中国政治发展——民主的长征》，中央编译出版社 2011 年版。

［22］梁骏，石树人，李丽娜：《村民自治——黄土地上的政治革命》，中国青年出版社 2000 年版。

［23］卢福营，应小丽：《村民自治发展中的地方创新：基于浙江经验的分析》，中国社会科学出版社 2012 年版。

［24］卢福营：《农民分化过程中的村治》，南方出版社 2000 年版。

［25］米有录，王爱平：《静悄悄的革命》，中国社会科学出版社 1999 年版。

［26］慕毅飞，陈奕敏：《民主恳谈——温岭人的创造》，中央编译出版社 2005 年版。

［27］毛丹，任强：《中国农村公共领域的生长——政治社会学视野里的村民自治诸问题》，中国社会科学出版社 2006 年版。

［28］潘嘉玮，周贤日：《村民自治与行政权的冲突》，人民出版社 2004 年版。

［29］彭勃：《乡村治理——国家介入与体制选择》，中国社会出版社 2002 年版。

［30］潘嘉玮，周贤日：《村民自治与行政权的冲突》，中国人民大学出版社 2004 年版。

［31］［美］乔万尼·萨托利：《民主新论》，东方出版社 1993 年版。

［32］任自立，尹天：《中国村民自治与法律维权》，北京法律

出版社 2005 年版。

[33]［法］让·雅克·卢梭:《社会契约论》,何兆泽译,商务印书馆 1982 年版。

[34]［美］塞缪尔·亨廷顿:《变化社会中的政治秩序》,王冠华、刘为等译,上海人民出版社 2008 年版。

[35] 唐鸣:《村委会选举法律问题研究》,中国社会科学出版社 2004 年版。

[36] 仝志:《选举事件与村庄政治》,中国社会科学出版社 2004 年版。

[37] 王汉生,杨善华:《农村基层政权运行与村民自治》,中国社会科学出版社 2001 年版。

[38] 王禹:《村民选举法律问题研究》,北京大学出版社 2002 年版。

[39] 王仲田,詹成付:《乡村政治——中国村民自治的调查与思考》,江西人民出版社 1999 年版。

[40] 王振耀:《中国村民自治理论与实践探索》,宗教文化出版社 2000 年版。

[41] 王振耀,白钢,王仲田:《中国村民自治前沿》,中国社会科学出版社 2000 年版。

[42] 王圣诵:《中国自治法研究》,中国法制出版社 2003 年版。

[43] 王禹:《我国村民自治研究》,北京大学出版社 2000 年版。

[44] 王振耀,白益华:《乡镇政权与村委会建设》,中国社会出版社 1996 年版。

[45] 徐勇,项继权:《村民自治进程中的乡村关系》,华中师范大学出版社 2003 年版。

[46] 徐勇:《中国农村村民自治》,华中师范大学出版社 1997 年版。

［47］徐勇，吴毅：《乡土中国的民主选举——农村村民委员会选举研究文集》，华中师范大学出版社 2001 年版。

［48］许安标：《农民如何行使民主权利》，法律出版社 1999 年版。

［49］薛和：《江村自治——社会变迁中的农村基层民主》，江苏人民出版社 2004 年版。

［50］肖立辉：《村民委员会选举研究》，中国社会出版社 2002 年版。

［51］许宗衡：《当代中国农村治理结构探究——以党支部和村委会关系为视角》，人民出版社 2001 年版。

［52］于建嵘：《岳村政治——转型期中国乡村政治结构的变迁》，商务印书馆 2001 年版。

［53］［澳］约翰·S. 德雷泽克：《协商民主及其超越：自由与批判的视角》，丁开杰等译，中央编译出版社 2006 年版。

［54］赵秀玲：《村民自治通论》，中国社会科学出版社 2004 年版。

［55］张厚安，徐勇，项继权：《中国农村村级治理——22 个村的调查与比较》，华中师范大学出版社 2002 年版。

［56］赵一红：《中国村民自治制度中自制规章与国家法律关系研究》，中国社会科学出版社 2008 年版。

［57］［美］詹姆斯·博曼：《公共协商：多元主义、复杂性与民主》，中央编译出版社 2006 年版。

［58］［美］詹姆斯·博曼，威廉·雷吉：《协商民主：论理性与政治》，中央编译出版社 2006 年版。

［59］赵秀玲：《村民自治通论》，中国社会科学出版社 2004 年版。

（三）相关论文

［1］白钢，林广华：《论政治的合法性原理》，《天津社会科学》2002 年第 4 期。

[2] 白钢:《村民自治存在的问题》,《中国国情国力》1998年第7期。

[3] 程为敏:《关于村民自治主体性的若干思考》,《中国社会科学》2005年第3期。

[4] 陈前:《现阶段村民自治运行的困境及其解决思路》,《东北师大学报(哲学社会科学版)》2005年第4期。

[5] 陈家刚:《协商民主:概念、要素与价值》,《中共天津市委党校学报》2005年第3期。

[6] 陈家刚:《从协商民主看政治协商》,《中国人民政协理论研究会刊》2007年第2期。

[7] 程辑雍:《试析自治形态和我国基层群众性自治组织的特征》,《上海社会科学院学术季刊》1985年第2期。

[8] 程瑞山:《村民自治制度文本的体系结构分析》,《保定学院学报》2011年第2期。

[9] 程同顺:《村民自治中的党"政"关系及其出路》,《调研世界》2001年第10期。

[10] 程同顺:《村民自治中的乡村关系及其出路》,《调研世界》2001年第7期。

[11] 陈洪生:《村民自治:农村两委关系的解析视角》,《求实》2005年第12期。

[12] 陈剩勇:《协商民主理论与中国》,《浙江社会科学》2005年第1期。

[13] 陈剩勇:《推进村民自治、促进乡村治理的战略思考》,《理论参考》2009年第4期。

[14] 崔智友:《中国村民自治的法学思考》,《中国社会科学》2001年第3期。

[15] 邓辉:《从儒家文化看村民自治的困境》,《昌吉学院学报》2003年第3期。

[16] 党国印:《"村民自治"是民主政治的起点吗?》,《战略

与管理》1999 年第 1 期。

［17］董红：《村民自治背景下乡镇政府与村民委员会关系研究》，《西北工业大学学报》（社会科学版）2009 年第 2 期。

［18］戴均：《协商民主：村民自治可持续发展的政治诉求》，《人文杂志》2009 年第 2 期。

［19］［加］戴维·茨威格著，张定淮、金姗姗等译：《中国农村的选举、民主价值及经济发展（下）》，《国外理论动态》2008 年第 8 期。

［20］房正宏：《村民自治的困境与现实路径》，《华中师范大学学报（人文社会科版）》2011 年第 5 期。

［21］傅定国：《村民委员会的职能及强化措施》，《农村经济》1986 年第 12 期。

［22］范思凯，邓泉国：《我国农村村民自治组织的结构与关系研究》，《农村发展》2012 年第 3 期。

［23］高宏德：《统筹城乡发展与化解我国乡镇债务问题研究——以成都市统筹城乡综合配套改革实验为例》，《四川行政学院学报》2009 年第 4 期。

［24］郭云春，刘梅芳：《利益博弈下的乡村治理——透视村民自治的新视角》，《西北第二民族学院学报》（哲学社会科学版）2003 年第 1 期。

［25］郭道久：《在国家形态民主与非国家形态民主间寻求契合点——关于当代中国民主发展路径的思考》，《理论与改革》2010 年第 5 期。

［26］缑杰：《协商民主——村民自治权利有效实现的新范式》，《中共贵州省委党校学报》2011 年第 2 期。

［27］胡伟，程亚萍：《村民自治价值的三个维度》，《云南社会科学》2006 年第 5 期。

［28］缑杰：《协商民主——村民自治权利有效实现的新范式》，《中共贵州省委党校学报》2011 年第 2 期。

[29] 何包钢，王春光：《中国乡村协商民主：个案研究》，《社会学研究》2007年第3期。

[30] 黄辉，刘宁：《村民自治的治理功能提升：自治组织培育与自治体系构建》，《当代世界与社会主义》2010年第3期。

[31] 胡伟，程亚萍：《村民自治价值的三个维度》，《云南社会科学》2006年第5期。

[32] 何泽中：《论法律对村民自治的规范》，《湖南大学学报（社会科学版）》2002年第1期。

[33] 贺雪峰：《村政委员会：村级组织制度创新的一种过渡性构想》，《西南师范大学学报（哲学社会科学版）》1998年第6期。

[34] 贺雪峰：《经济越发达村民自治状况就越好吗》，《中国国情国力》1999年第11期。

[35] 贺雪峰：《论人口流动对村级治理的影响》，《学海》2000年第1期。

[36] 贺雪峰，苏明华：《乡村关系研究的视角与进路》，《社会科学研究》2006年第1期。

[37] 何泽中：《村民自治概念辨析》，《法学评论（双月刊）》2001年第1期。

[38] 刘伟：《村民自治的运行难题与重构路径——基于一项全国性访谈的初步探讨》，《江汉论坛》2015年第2期。

[39] 廉希圣，王雁飞：《村民委员会——直接民主的新形式》，《河北法学》1985年第5期。

[40] 李学举：《村民自治中的民主监督问题》，《乡镇论坛》1993年第5期。

[41] 李海江：《村民自治视角下"民主管理"的探索——河南省邓州市推行的"4+2"工作法分析》，《农业考古》2010年第6期。

[42] 刘颖：《论村民自治的主体》，《求索》2008年第6期。

［43］刘同君，陶伟：《村民自治的主体与性质——读〈宪政的法理言说〉引发的思考》，《江苏大学学报》（社会科学版）2009年第2期。

［44］李景峰，鲁秀娥：《村民自治价值论析》，《长春理工大学学报》（社会科学版）2008年第3期。

［45］李砚忠：《以"合作式治理"提高和谐社会建设中的政府信任》，《科学社会主义》2007年第2期。

［46］李秋学，刘怀洲：《村民民主监督制度的创新机制》，《安徽决策咨询》2001年第5期。

［47］李德芳：《吕振羽是村民自治一词的最早使用者》，《北京师范大学学报（社会科学版）》2000年第5期。

［48］卢福营：《村民自治的经济分析——两个不同类型经济村的村民自治运作比较》，《中国农村经济》1998年第12期。

［49］卢福营：《农村经济变迁对村民自治的挑战》，《中国农村观察》1999年第2期。

［50］卢福营，江玲雅：《村级民主监督制度创新的动力与成效——基于后陈村村务监督委员会制度的调查与分析》，《浙江社会科学》2010年第2期。

［51］梁义群：《试论太平天国的乡官制度》，《北京师范大学学报》1980年第3期。

［52］林尚立：《协商政治：对中国民主政治发展的一种思考》，《学术月刊》2003年第4期。

［53］刘金海：《村民自治研究文献的统计分析——以1989—2006年CNKI篇名含"村民自治"的文献为分析对象》，《政治学研究》2008年第1期。

［54］蔺雪春：《当代中国村民自治以来的乡村治理模式研究述评》，《中国农村观察》2006年第1期。

［55］郎友兴：《民主的成长：对村民选举与自治制度的考察》，《浙江社会科学》2002年第1期。

［56］［美］P. F. 兰德里，D. 戴维斯，王石如著，张静波、冯雪勇译：《中国农村的选举：没有其它政党参与的竞选》，《国外理论动态》2012 年第 4 期。

［57］［加］劳伦·勃兰特，马修·特纳著，王昀译：《不健全的选举的功效：中国农村选举的状况》，《国外理论动态》2012 年第 4 期。

［58］马长山：《村民自治组织建设的时代意义及其实践反差》，《政治与法律》1994 年第 2 期。

［59］［美］欧博文：《中国村民委员会组织法的贯彻执行情况探讨》，《社会主义研究》1994 年第 5 期。

［60］乔治·瓦德拉斯：《协商民主》，《马克思主义与现实》2004 年第 3 期。

［61］孙丙珠：《居民委员会、村民委员会的性质、地位和作用》，《中国政法大学学报》1983 年第 2 期。

［62］孙秀林：《村庄民主及其影响因素：一项基于 400 个村庄的实证分析》，《社会学研究》2008 年第 6 期。

［63］沈延生：《村政的兴衰与重建》，《战略与管理》1998 年第 6 期。

［64］唐兴霖，马骏：《中国农村政治民主发展的前景及困难：制度角度的分析》，《政治学研究》1999 年第 1 期。

［65］唐鸣：《关于完善村民自治法律体系的两个基本问题》，《法商研究》2006 年第 2 期。

［66］唐崇佑：《现阶段实行村民自治中的问题及解决途径》，《社会主义研究》1991 年第 1 期。

［67］汤晋苏：《我国村委会建设状况与展望》，《政治与法律》1992 年第 6 期。

［68］汤晋苏：《全国农村村民委员会选举的基本进程》，《法学杂志》1994 年第 4 期。

［69］唐兴霖，马骏：《中国村民自治民主的制度分析》，《开

放时代》1999 年第 3 期。

［70］汤玉权，任中平：《城市化进程中的村民自治：治理困境及其出路》，《山东农业大学学报》（社会科学版）2005 年第 4 期。

［71］陶文昭：《论民主的直接化》，《开放时代》2004 年第 6 期。

［72］唐鸣，赵鲲鹏，刘志鹏：《中国古代乡村治理的基本模式及其历史变迁》，《江汉论坛》2011 年第 3 期。

［73］汤晋苏：《村民会议与村民代表会议》，《政治与法律》1995 年第 2 期。

［74］王海影，李宏宇，董水生：《农村治理模式的转变与发展趋势研究》，《科学决策》2009 年第 5 期。

［75］王平：《协商民主对村民自治制度政治合法性的提升》，《安徽师范大学学报》（人文社会科学版）2010 年第 3 期。

［76］王平，林萍：《村民自治视阈中的协商民主》，《安徽农业科学》2009 年第 11 期。

［77］王金红：《"两委矛盾"：经验分析与理论批评》，《华中师范大学学报》（人文社会科学版）2005 年第 5 期。

［78］王振耀，汤晋苏：《我国村民自治的回顾与展望》，《乡镇论坛》1992 年第 1 期。

［79］王邦佐：《对建构中国民主基础工程的有益探索——评徐勇著〈中国农村村民自治〉》，《华中师范大学学报》（人文社会科学版）1998 年第 2 期。

［80］汪映萍：《美国学者论中国村民选举》，《国外理论动态》1999 年第 6 期。

［81］汪玮：《西方"协商民主"的误读与借鉴》，《社会科学战线》2010 年第 8 期。

［82］王强：《中央、地方、民众：村民自治决策过程的三层分析》，《开放时代》2000 年第 1 期。

［83］吴湘玲，胡象明：《我国村民自治中的民主决策分析》，《江汉论坛》2000年第8期。

［84］吴兴智：《协商民主与中国乡村治理》，《湖北社会科学》2010年第10期。

［85］吴理财：《村民自治与国家政权建设》，《学习与探索》2002年第1期。

［86］韦少雄：《村民自治组织结构关系论析》，《河池学院学报》2013年第1期。

［87］魏健馨：《我国村民自治面临的现实困境》，《广州商学院学报》2007年第1期。

［88］肖立辉：《村民自治在中国的缘起与发展》，《理论与改革》1999年第4期。

［89］徐勇：《论村民自治背景下党组织与自治组织的协调》，《学习与探索》1998年第1期。

［90］徐大兵，张文芳：《村民自治背景下乡镇政府与村民委员会的关系》，《华中农业大学学报（社会科学版）》2006年第5期。

［91］徐勇：《县政、乡派、村治：乡村治理的结构性转换》，《江苏社会科学》2002年第2期。

［92］徐勇：《论乡政管理与村民自治的有机衔接》，《华中师范大学学报》（哲学社会科学版）1997年第1期。

［93］徐增阳，黄辉祥：《财政压力与行政变迁——农村税费改革背景下的乡镇政府改革》，《中国农村经济》2002年第9期。

［94］徐勇，赵德健：《找回自治：对村民自治有效实现形式的探索》，《华中师范大学学报》（人文社会科学版）2014年第4期。

［95］肖立辉，孟令梅：《对村委会选举进行比较研究的指标分析》，《荆门职业技术学院学报》1999年第4期。

［96］徐勇：《伟大的创造从这里起步——探访中国最早的村委会诞生地》，《炎黄春秋》2000年第9期。

［97］于向阳：《论村民委员会出现的必然性》，《东岳论丛》1984年第4期。

［98］于建嵘：《村民自治：价值和困境——兼论〈中华人民共和国组织法〉的修改》，《学习与探索》2010年第4期。

［99］阳沐乎韧：《引入"协商民主"理念的民主监督》，《广西社会主义学院学报》2014年第4期。

［100］尤乐：《浅论村民自治的本位问题》，《法治论坛》2007年第2期。

［101］张健：《合法性与中国政治》，《战略与管理》2000年第5期。

［102］张国献，李玉华：《乡村协商民主的现实困境与化解路径》，《中州学刊》2014年第3期。

［103］张厚安：《中国农村村民自治现状评估和问题探讨》，《乡镇论坛》1996年第6期。

［104］朱健楠，朱启臻：《在农村民主管理中如何确立农民的主体地位——基于对河南邓州"4+2"工作法的考察》，《中国井冈山干部学院学报》2010年第1期。

［105］赵寿星：《选举模式与制度创新——中国农村村民自治选举评估》，《中国社会科学院研究生院学报》2000年第3期。

［106］邹静琴，王金红：《村民自治中的民主决策：实践形式与理论反思》，《福建论坛（人文社会科学版）》2009年第1期。

［107］詹成付：《和谐社会背景下的村民自治走向》，《华中师范大学学报》（人文社会科学版）2005年第2期。

［108］朱勤军：《中国政治文明建设中的协商民主探析》，《政治学研究》2004年第3期。

［109］朱光磊，郭道久：《非国家形态民主：当代中国民主建设的突破口》，《教学与研究》2002年第6期。

［110］周建伟：《村民自治的功能三重奏》，《重庆社会科学》2001年第2期。

[111] 张景峰:《对村民自治概念的法学分析》,《社会主义研究》2003年第4期。

[112] 张扬金:《协商民主与村民自治制度的价值重拾》,《理论探讨》2013年第1期。

[113] 郑永年:《地方民主国家建设与中国政治发展模式》,《当代中国研究》1997年第2期。

[114] 庄聪生:《协商民主是中国特色社会主义民主的重要形式》,《民主与科学》2006年第3期。

二 英文文献

[1] Amy Gutman and Dennis Thompson, "Why Deliberative Democracy?" *Princeton University Press*, Vol. 3, 2004.

[2] Bjorn Alpermann, "Institutionalizing Village Governance in China." *Journal of Contemporary China*, Vol. 18, No. 60, June, 2009. pp. 397–409.

[3] Carolyn Hendriks, "Refereed Paper Presented to the Jubilee Conference of the Australasian Political Studies Association." *Australian National University*, *Canberra*, October 2002.

[4] David Miller, *Democracy as Public Deliberation: New Perspectives*, Edited by Maurizio Passerin D'entreves. Manchester University Press, 2002.

[5] Jorge. M. Valadez, *Deliberative Democracy, Political Legitimacy, and Self-Determination in Multicultural Societies.* USA Westview Press, 2001, p. 31.

[6] Jon Elster, "*Introduction*", *in Jon Elster (ed.) Deliberative Democracy.* Cambridge University Press, 1998, p. 1.

[7] Jon Elester, *Deliberative Democracy.* Cambridge University Press. 1998.

[8] James Bohman, William Rehg. *Deliberative Democracy: Es-*

says on Reasons and Politics. The MIT Press, 1997, p. 322.

［9］ Jorge M. Valadez. *Deliberative Democracy, Political Legitimacy, and Self – Democracy in Multicultural Societies*. USA Westview Press, 2001, p. 30.

［10］ James Bohman, William Rehg. *Deliberative Democracy*. The MIT Press, 1997, p. 409.

［11］ Jorge M. Valadez. *Deliberative Democracy, Political Legitimacy, and Self – Determination in Multicultural Societies*. USA Westview Press, 2001.

［12］ James Bobman. *Pluralism*, "Complexity and Democracy". The MIT Press, 1996.

［13］ Kelliher, Daniel. "The Chinese Debate over Village Self – governace." *The China Journal*, Vol. 37, 1997.

［14］ Kevin J. O'Brien, Rongbin Han. "Path to Democracy? Assessing Village Elections in China". *Journal of Contemporary China*, Vol. 18, 2009.

［15］ Kevin J. O'Brien. "Implementing Political Reform in China's Village." *The Australian Journal of Chinese Affairs*, Vol. 32, 1994.

［16］ Lawrence, Susan. "Democracy, Chinese Style: The Australian Journal of Chinese Affairs." *Asian Studies Association of Australia. Review*. Vol. 2, 1979.

［17］ Lianjiang Li. "Elections and Popular Resistance in Rural China." *China Information*, Vol. 2, 2001.

［18］ Lianjiang Li, Kevin O'Brien. "Villagers and Popular Resistance in Contemporary China". *Modern China*, Vol. 1, 1996.

［19］ Lianjiang Li. "The Empowering Effect of Village Elections in China." *Asian Survey*, Vol. 4, 2003.

［20］ Maeve Cooke. "Five Arguments for Deliberative Democracy." *Political Studies*, Vol. 48, 2000.

［21］Maurizio Passerin D'entreves. *Democracy as Public Deliberation*: *New Perspectives*. Manchester University Press, 2002.

［22］ManionMelanie. "The Electoral Connection in the Chinese Countryside." *American Political Science Review*, Vol. 4, 2006.

［23］O'brien, Kevin. "Implementing Political Reform in China's Village." *The Australian Journal of Chinese Affairs*, Vol. 32, 1994.

［24］Oi Jean. "Economic Development, Stability and Democratic Village Self – governace". *China Review*, Vol. 3, 1996.

［25］OiJean, Scott Rozelle. "Election and Power: The Locus of Decision Making in Chinese Villages". *The China Quarterly*, Vol. 162, 2000.

［26］Pei Minxin. *Creeping Democratization in China Journal of Democracy*, Harvard University press, 1995, pp. 65 – 79.

［27］Tianjian Shi. "Economic Development and Village Elections in Rural China". *Journal of Contemporary China*, Vol. 14, 2005.

［28］Xiaojuan Gao, Yongnian Zheng. "Womens Political Participation in China: in whose interests elections". *Journal of Contemporary Chian*, Vol. 49, 2006.

［29］Xiajuan Guo, Yongnian Zheng and Lijun Yang. "Women's Participation in Village Autonomy in China: Evidence from Zhejiang Province." *The China Quarterly*, Vol. 197, 2009.

［30］Xiaopeng pang, Junxia Zeng. "Scott Rozelle." *The China Quarterly*, Vol. 5, 2013.

［31］Zhengxu Wang, Weina Dai. "Women's Participation in Rural China's Self – governance: Institutional", Socioeconomic, and Cultural Factors in a Jiangsu County." *Governance*, Vol. 1, 2013.